「会社は無理ゲー」

堀田孝治

技術評論社

はじめに

何年も働いているのに、日曜の午後は、翌日からの会社のことで憂鬱になる。
仕事そのもの、というより、会社の人間関係にエネルギーをとられ、消耗している。
仕事はちゃんとしているのに、なぜか、同期よりも昇進が遅れてしまった。
「何が」と聞かれても困るが、会社で働く日々に、モヤモヤをずっと感じている。
このまま会社員の日々を続けなければならない、と思うと、不安だし、苦しい。

…

このように、日々の職場で消耗し、ストレスを感じ、会社員でもパッとしない自分を「仕事ができない人間」などと、どこかで責めていないでしょうか。
ちょっと立ち止まって考えてみてください。ひょっとしたら、「仕事ができない人」ではなく、ただ単に「会社員が合わない人」なのかもしれません。逆にいえば、「独立したほうがパッとする人」なのかもしれないのです。

じつは私も、会社員時代はパッとしない人でした。しかし、40歳で18年お世話になった会社をやめて独立して以来、「雇われず、雇わず」の独立ビジネスライフを約15年過ごしています。

会社員時代には休職にまで追い込まれ、課長になるのも同期から大きく遅れた私でしたが、現在は自らの挫折・失敗経験をベースに開発した「7つの行動原則」というオリジナルプログラムで大手を中心に多くの企業様で研修をおこなう、(自分で言うのもなんですが)「人気講師」として活躍しています。

収入でいえば、独立にはもちろん退職金はなく、交通費をはじめ各種の経費も自腹なので単純に比較するのは難しいですが、おそらくあのまま課長で会社に60歳まで残ったらいただけたであろう総額を、すでにこの15年で十分に超えているでしょう。

そしてなにより、「自分らしさ」と「調和」のある、「ワクワク」していながら「自然」で「ノビノビ」な日々なのです。緊張感はあるものの、嫌な「ストレス」がありません。独立したこの15年は、毎週日曜日の夜に、翌日の月曜の朝がくるのが待ち遠しいのです！会社員時代は、日曜の朝くらいからブルーな気持ちだったのに、です。

かつての私は、「会社員の一部のトップエリートだけが独立できる」と考え、「自分なんかが独立できるわけはない」と考えていました。つまり、「会社員は下、独立が上」と信じ込んでいたのです。

実際に独立して15年たった今は、その考えがまちがいだったことがわかります。「会社員」と「独立」は、「上下の関係」ではなく、「どちらが合うか、合わないか」といった、ある種「並列の選択肢」にすぎなかったのです。

「でも独立するっていっても、仕事はどう作るの?」

「問題はお金、独立したらどうなるのか、見当もつかないよ」

「独立なんかしたら、きっと不安で、もっとメンタルが参っちゃいそう!」

図1 会社員と独立は「上下」の関係ではなく、「合うか合わないか」の問題である

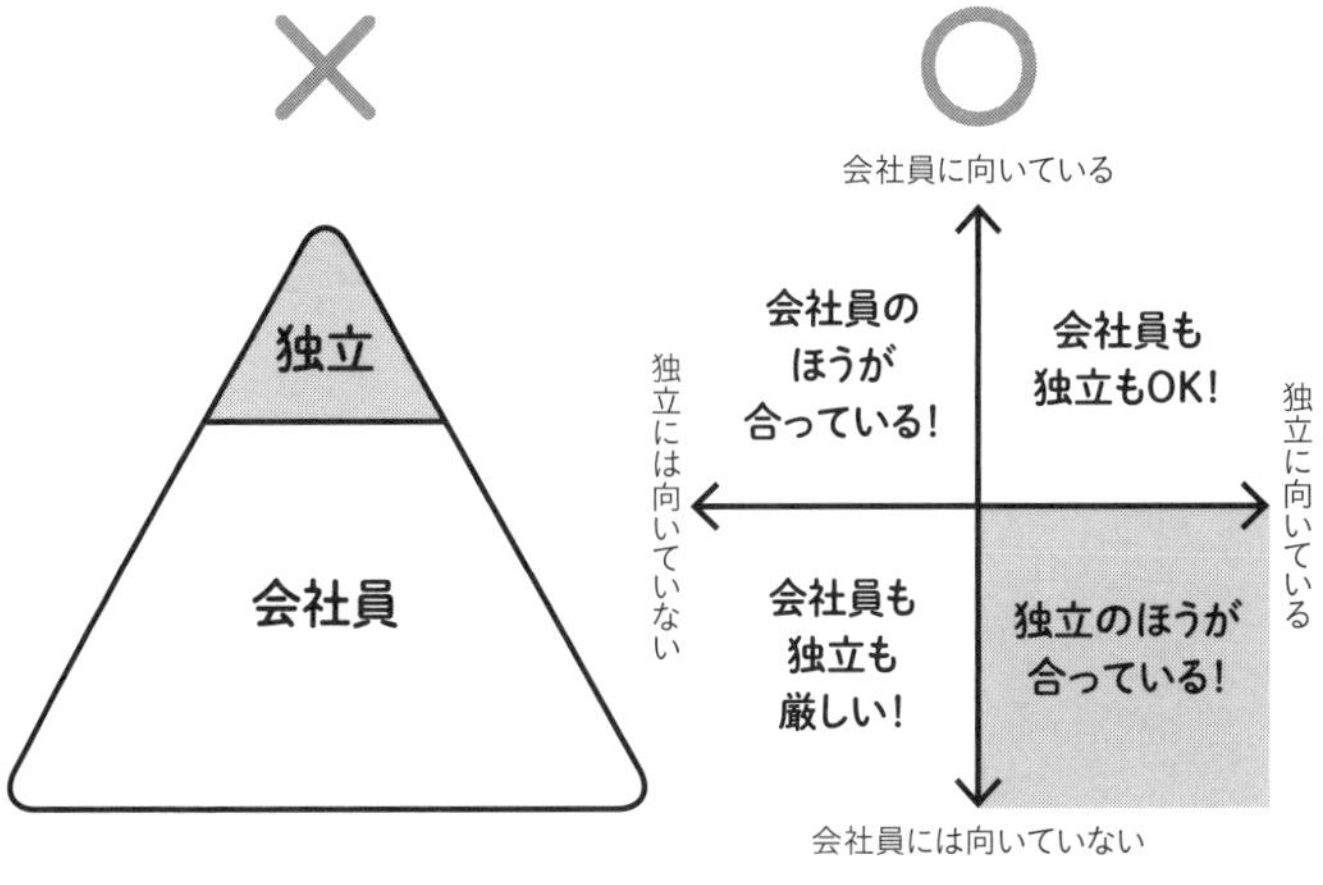

しかし問題は、独立に関することが、会社員から見るとブラックボックスになっていて、正体不明の化け物のような、不安と恐れとあきらめの対象になっていることです。

会社員は基本的に、会社員同士で仕事をすることがほとんどです。ですから、周囲の人といくら話しても「独立」を具体的にイメージすることはできません。そして、わからないのにいくら想像しても、残念ながらムダなのです。実際に、私もそうでした。独立してからは、「えっ！」「そういうこと！」と、想定外の驚きの連続でした。

そこで本書では、まず「会社員には向かない人の特徴」を多面的に考察し、そのあとに「仕事」「お金」「時間」「人間関係」「メンタル」を軸に

・独立したらどんな問題があり、どんな壁にぶつかるのか
・その壁をどのように工夫して乗り越えたのか（今も乗り越えようとし続けているのか）

を、会社員として18年、独立して15年の実体験をもとに、できるだけ具体的に生々しくご紹介していきます。

「ビジネスキャリアに不安と悩みがまったくない」などという人は、そういないと思います。しかし、悩んだ時、解決策を考える時、そして決断する時、その思考は「異動を願い出る」「資格を取る」「転職する」といった「会社員の枠内」にとどまってしまっていることがほとんどではないでしょうか？

気をつけなければいけないのは、その会社員という働き方も決して安泰ではないということです。終身雇用神話の崩壊、副業ＯＫ、ＡＩ化など、変化は激しく、ますます先行きは不透明になっています。また、このコロナ禍の中、リモートワークといった新しい、ある種独立に近づいたような働き方が否が応でも進展していきます。

本書は、〝いますぐ〟〝どんな人にでも〟「独立」をすすめる本ではありません。「独立が合っている人」は独立したほうがいいかもしれませんが、「会社員に合っている人」は組織の中でこそ輝きを増すかもしれません。当然ながら「会社員」も「独立」も両方合っていて、どちらも狙える人もいます。また、ビジネスを始めたばかりの若手の方は、どちらが合っているかわかるほどの経験がまだないのが現実ではないでしょうか。そしてどの人も、「会社員」か「独立」かを即決せずに、これから考えていってもいいのです。

本書を読むことによって、まず、そのような新しい切り口での「現在地」が見えてくると思います。そのうえで、次のような「気づき」や「価値」が提供できればと願っています。

●「よし、独立でいこう！」と決める人には

・独立に対する「まちがった思い込み」や「不必要な恐れや不安」を取り除く
・いままでぼんやりしていた「独立という働き方」がより具体的にイメージできる
・独立を実現するためには、どんな方向で、どんな工夫や努力が必要なのかがわかる

●「よし、会社員でいこう！」と決める人には

・「自分には会社員のほうが合っているのだ」ということが腑に落ちる
・変化し高度化する会社員という働き方の中で、活躍し続けるためのヒントが得られる

●「まだ会社員か独立かを、決めるほどの経験をしていない」
●「現段階では会社員が合っているが、独立ができるようにもなりたい」
●「現段階では独立が合っているが、まだ決める時ではない」という人には

・「独立」も視野に入れた〝ゼロベース〟での今後の働き方を考えるきっかけが得られる

・現在の「合う／合わない」に関係なく、将来的に「独立」を目指すのであれば、どのような方向で、どんな準備や工夫が必要になるかがわかる
・会社員でいくにしても、変化し高度化する中で活躍し続けるためのヒントを得られる

本書が、それぞれの人に、それぞれの形でお役に立ち、1人でも多くの人が「自分が望む、自分に合うノビノビとしたキャリア」を実現する一助となれたら、著者としてもこんなにうれしいことはありません。

堀田孝治

目次

「会社は無理ゲー」な人がノビノビ稼ぐ方法

CHAPTER 1

「会社員には向かない人」の10の特徴

CHAPTER 2

仕事が創れれば、なんとかなる

CHAPTER 3

お金と仲良くなれば、怖くなくなる

CHAPTER 4

時間の使い方で、成果が変わる

CHAPTER 5

人づきあいで、成功が見える

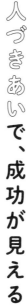

CHAPTER 6

メンタルを整えて、幸せになる

CHAPTER1

「会社員には向かない」人の10の特徴

会社員という働き方は、だれにでもできるような、かんたんなものではありません。「しょうがないから会社員にでもなるか」などといった発想は、私に言わせればとんでもない話です。会社員として18年、独立して15年働いてきて、会社員という働き方がいかに難易度の高いものなのか、あらためて深く認識する今日この頃です。

ということで、まず第1章では、「会社員には向かない人」の特徴を挙げていきます。自分は向いているのかどうなのか、ぜひ、日ごろの自分と照らし合わせてみてください。

1つ注意していただきたいのは、「会社員には向かない」のと「仕事ができない」のはイコールではない、ということです。

図2 会社員には向かない人の10の特徴

- 小さな失敗も気になって、しかもずっと引きずってしまう
- 会社にいるだけで、なぜか緊張して疲れる
- 「働いた分だけのお金をもらいたい」と思っている
- 「自分がやったほうが早い」と思ってしまう
- 「根回しなんて……」とイライラする
- 人間関係ではなく、仕事の中身で勝負したい
- 完璧主義で、どんな仕事でも手が抜けない
- グレーが苦手で、白黒はっきりとさせてしまう
- 「自分に合った仕事がしたい」と思っている
- 「ジャニーさん」よりも「山P」になりたい

逆に言えば、会社員に向いているからといって、どんな仕事もできるかといえば、それも違う話になってきます。

別の視点から読めば、「会社員としての自分の強み」を新たに発見できるかもしれません。ぜひ、肩に力を入れず、気楽に読み進めてください。

小さな失敗も気になって、しかもずっと引きずってしまう

・飛び込み営業で、お客様にあからさまに拒絶される
・需要を読みまちがい、品切れをおこしてしまう
・会議で、一番偉い人から自分の書いた資料の誤字を指摘される
・議事録を発信したら、1人から「私はもっと発言した!」と怒りのメールがくる
・お客様が予想以上に多く、商談に用意した資料が足りずに、上司ににらまれる
…

このような「小さな失敗」は会社員にはつきものですし、残念ながらゼロにはなりません。だから、いちいち引きずっていたら仕事にはなりません。

このような失敗をしても、「よし、次はがんばろう！」「まあ、こんな日もあるさ！」とすぐに切り替え、時には

「支社長も小さいなぁ、こんなことに目くじらたてて」
「部長、今日は機嫌が悪いのかな？」

などと他責でとらえて、あるいは

「私、もうだめです！」
「私はいま、とても怖いんです！」

と人に泣き言を言えたり、逃げ出したりできないと、会社員には向きません。

しかし私は、そんな小さな失敗を1人で抱えこみ、いつまでもずっと引きずるタイプでした。「品切れでご迷惑をかけた」夢を、30年経ったいまでも見るくらいです。その結果、

30歳で、おもにメンタルの不調で、9か月も休職することになりました……。

会社にいるだけで、なぜか緊張して疲れる

「ああ、リフレッシュしたい！」と思った時に、あなたは次のどちらを選択しますか？

①1人になる
②人の中に入っていく

コロナ禍で、リモートワーク化がかつてないほど進みましたが、実際に経験してみてどうでしたか？

「通勤時間が減った！」「家族との時間が増えた！」などといったこと以上に、「精神的に楽になった！」「こっちのほうが断然いい！」と感じた方、逆に言えば、「会社に行くって、それ自体でこんなにストレスだったんだ！」とはじめて気づかれた方は、ひょっとし

たら「会社員には向かない人」である可能性があります。

私は18年間会社員をやりましたが、「会社に行く」ということだけで、なぜか最後の日まで常に肩に力が入り、緊張していました。「戦場に行く」というのはさすがに大げさかもしれませんが、それに近い緊張感を毎朝もっていたことはたしかです。

「コミュニケーションが苦手なのか？」というと、そういう問題でもないのです。

「用があってもなくても、とにかくまず多くの人の中に身を置く」

「常に所属していて、周囲に人がいる」

そんな状態が、あまり心地よい状況ではなかったのです。同じように感じていないでしょうか？　最初の質問に迷うことなく①と即答する人、「人の中に入ってリフレッシュするなんてありえない！」という人は、会社員には向かないのかもしれません。

「働いた分だけのお金がもらいたい！」と思っている

「うちの会社は、営業も工場も本社も一緒になって、500人で、500億円を520億円にしていく。『1人で1億円稼ぎたい』『自分が稼いだ分だけは欲しい』というヤツには、合わないよなぁ」

会社員の28歳くらいの時に、当時本社の課長だった先輩が、休憩スペースでなにげなくつぶやいたセリフです。

会社全体の年間売上は、500億円。営業担当は100人いて、1人平均5億円のところ、自分は10億円の売上を上げていたとします。でも、「オレが10億円稼いでいる」のではありません。その商品は、本社で企画して、研究所で開発して、広告を打って、工場で作って、トラックで運ばれて、やっとお客様に届きます。そして、そんな自分や組織を、人事部、総務部、経理部、情報システム部といった部署が日々バックアップしてくれているのですから、「500人で500億円稼いでいる」のです。さらに、人件費以外に、メーカーだったら原料費や設備費があり、事務所の賃貸料や通信費、光熱費など、さまざまな経費がかかります。

そして、日本はまだまだ終身雇用で年功序列をベースにした給与体系になっているところが多く、お金がかかる40代、50代で多くもらえるよう、20代、30代の賃金は残念ながら低く抑えられています。

同期が30人いたとします。年収はみな500万円で同じです。では、常にみんな同じくらい働いているかというと、現実は違いますよね。ある年に50万円分くらいしか働けなかった人もいれば、5000万円分くらい働いてくれる人もいます。でも、会社員という働き方だと、「みんな500万円（差がついてせいぜい480万円～520万円）」なのです。

「自分が稼いだ分はきちんともらいたい！」

「自分の能力に見合った収入を！」

そう日々どこかで納得していないのであれば、その人は会社員には向かないのです。

「自分がやったほうが早い！」と思ってしまう

重要な社内会議に出席することになる。
自部署が主催なので、議事録を書かなければならない。
自部署からは、会議の進行をする上司と、自分と、新入社員の後輩が出席する。
新入社員の後輩は、まだ議事録を書いたことがない。
自分はほかの業務で忙しく、この会議の後も、別のプロジェクトが立て続けに続く……

このような場合、あなたはだれに議事録を書いてもらいますか？

「自分が書いたほうが結果的に早い＝後輩に書いてもらうほうがかえって面倒！」

そう考えてしまう人は、「会社員には向かない人」です。
もちろん、まずは自分で議事録を書けるようになることが大事です。私はおもに若手や中堅層の研修をさせてもらっていますが、そこでのテーマ（大目的）は、ほとんどが、ひと言でいえば「独り立ち」です。

しかし、主任になり、マネージャーになると、話は違ってきます。いくら個人的な仕事力が高くても、もうそれだけでは評価されません。かつての私のように、もう主任なのに「私の仕事」なんて言葉を会社で乱発していると、笑われるでしょう。

「堀田君、〝私たちの〟仕事じゃないの？」

つまり、人を育て、人を巻き込み、もっと大きなゲームができないとダメなのです。

会社員は、「仕事をする」のがうまいだけでは、あるところで限界がきます。「仕事を振る」のがうまくなければ、会社員として、チームでの大きな仕事はできないのです。

「根回しなんて……」とイライラする

・課長よりも先に部長に話してしまい、課長の機嫌を損ねる
・会議でいきなりプランを発表し、「聞いてない！」と上司に怒られる
・会議でＯＫとなったが、会議に呼んでない部署から「待った！」がかかる
・「事前に相談が欲しかった」と、飲みの場で先輩にポツリと言われる
…

こういうことを何回も何回も繰り返している人は、会社員には向きません。

「中身が良ければ通るはずだ！」
「内容がいいのにＮＧなんておかしい！」

という思いが自分の中にあって、現実の失敗にそもそもまったく納得していないような人です。

仕事がうまくいかない時、たとえば「企画が通らない」時は、「コンテンツ」と「プロセス」のどちらかに（あるいは両方に）問題があります。

「コンテンツ」というのは、企画そのもの、企画の中身・内容です。

「プロセス」というのは、その企画の通し方、調整方法、根回しなどになります。

根回しや調整がうまくて一目置かれている人が、あなたのまわりにもいませんか？

あるいは、企画はできないのに、その調整や根回しだけで飯を食っている人は？

そうです。逆に言えば、会社員は、コンテンツを自分ではまったく作れなかったとしても、そこは部下や外部のだれかに任せてしまえば、プロセスの力だけでもうまくやっていけたりするのです。

プロセスの中には、調整や根回しだけでなく、「政治力」も絡んできます。いわゆる「権力者」や「声の大きい人」のひと言で、それまで積み上げてきた企画がノーロジックで吹っ飛んでしまったり、「あの方の昇進がかかっている」という暗黙の了解や忖度により無理してでも結果を出そうという流れになったり、なんていう経験はありませんか？　いいか悪いかは別にして、現実にこのようなことはどの組織にも見られます。ですから、会社員には、そんな「政治的センス」も重要なのです。「コンテンツだけで勝負したい！」という人は、会社員には向かないのです。

人間関係ではなく、仕事の中身で勝負したい

異動を命じられたり、担当の企業が変わったり、働く国まで変わったり……と関わる人を選ぶことすらできないのが会社員のリアル。ですから、会社員の成否は「人間関係を大きく柔らかく扱える力」にかかっていると言っても過言ではありません。他者にある種「過度な期待」などせず、多様性を尊重でき、人の評価にいちいち過敏にならず、だれとでも適度な距離感をもって関われる力です。ですから、「好きな人とだけ関わりたい」などと考えている人は、最初から会社員には向かない人です。

「人間関係ではなく、仕事の中身で勝負したい！」

そう考えている人も、残念ながら会社員には向きません。なぜなら、その仕事の中身の良し悪しを決めるのは人間であり、人の数だけ良し悪しがあるのが会社員の現実だからです。

もし、関わる全員があなたの提案内容を「いいね！」と思っていても、議論の進め方にも問題がなかったとしても、その中の何人かが、仕事のコンテンツやプロセスではなく、

「あの時、俺の仕事を断ったから」
「あの会議で、私のアイデアに真っ向から反対したから」
「理由はないけど、なんだか生意気だから」

という（口には出さないけど）「あなたとの人間関係」を理由に反対したら、そしてその1人がもし社長だったら、あなたのその素晴らしい提案も「不採用」になってしまうのです。

完璧主義で、どんな仕事でも手が抜けない

ある時、日ごろあまりアドバイスなどしない上司が、ちょっと厳しい顔で声をかけてき

ました。「最近は失敗していないのに、なんだろう?」と頭の中が?マークでいっぱいな私。すると、2人だけの席で、その上司は言いました。

「堀田君、8勝7敗でいきましょう。15勝0敗を狙っている堀田君を見ていると、こちらまで苦しくなってきます」

「7敗しても大丈夫。仕事の失敗でクビになったりはしません」

「会社員で一番困るのは、1敗したら休場してしまう人です」

いままで、さまざまな角度から「会社員には向かない人の特徴」を解説してきましたが、つきつめれば、そのほとんどがこの「完璧主義」の1点に集約されるのかもしれません。

小さな失敗をいつまでも引きずるのは、大から小まで、自分だけは失敗なくすべての仕事を首尾よくやりたいと思っているからです。完璧にしたいから、「後輩がやるより自分がやったほうが」と、なんでも自分で抱えます。そして、会社に行くだけで疲れているのは、どんな場面でもミスをしないよう、だれからも嫌われぬよう、常に四方八方に気を張り巡らせ、油断せずに身構えているからなのです。

なんでもかんでも完璧にやろうとなんてしたら、会社員は体がいくつあってももちません。結果、消耗して休職してしまったら、それがまわりに一番の迷惑となるのです。

グレーが苦手で、白黒はっきりとさせてしまう

ラーメン屋さんのチャーシュー麺、スーパーで買う調味料、Ａｍａｚｏｎで買うビジネス本、美容院でのヘアカット……と、最終的にビジネスでやりとりするのは、具体的で、はっきりとした、明確なものが基本です。しかし、会社員の世界での仕事は、そのような明確なものばかりではありません。

「こんな感じの資料を、なるべく早く」
「なんとなくうまくいくよう、相手をしておいて」

そんなあいまいで、どうにでも取れるような話が日々飛び交っています。

「握りやすい形がいいですね」などと言っているうちは、だれとも衝突しません。しかし、「直径4・8㎝の円形にします！」と具体的な形を明確に打ち出すと、「それは違う！」と怒り出す人が現れます。「整理して工夫しておいてくれ！」と言う人と、「本当に整理して工夫して、具体的なプランの中身を提示する人」とでは、関係者とぶつかりやすいのは後者の人です。また、他部署から仕事を依頼された時、YESともNOとも言わずにニコニコしながら聞いて、結果的にノラリ、クラリとしながら対応しない人と、その場で「それはお断りします！」と面と向かって言う人では、後者のほうが敵は多くなり、ストレスがたまることになります。

ですから、何から何まで、常にハッキリと、具体的な形にして、白黒つけたい人は、じつは会社員には向かない人なのです。

「グレーゾーンのまま許容する」
「時には抽象度を意図的に上げる」
「なにもかも真に受けない」
「そのまま手をつけなければ、そのうち消滅する」
「いい加減にする」

このようなこともできないと、ストレスをどんどんためこんでしまうのです。かつての私のように。

「自分に合った仕事がしたい！」と思っている

私は人事部の教育担当になったとき、「これが自分のやりたかった仕事だ！」というたしかな感覚をはじめて抱きました。しかし、私は総合職。数年に一度は必ず人事異動がありますし、もし管理職になったとしたら、求められるのはプレイヤーとしての教育業務ではなく、マネジメントになります。ですから、定年までずっと好きな教育担当でいることなんかできないことは、人事部の自分が一番よくわかっていました。

「自分に合った仕事がしたい！」と常に考え、そうでないとストレスを感じる人は、会社員には向かない人です。「食品と関わっているのが好きだ」などといって、食品会社に入っても、そこには「人事部」や「経理部」そして「情報システム部」といった、食品に直接は関係のない仕事がたくさんあります。ですから、常に食品に関われる保証はどこにもありません。

「人事部で教育担当をやりたい」と希望しても、その座席は1つしかありません。もし、自分以外にも希望者がたくさんいたら、そこでの競争に勝たなければ、その席に座ることはできないのです。

そもそも、「自分に合った仕事をする」という発想と順序が、会社員であればまちがっているのかもしれません。会社には、「会社としてやりたいこと」がまずあるのです。そのやりたいことを会社がやるための最高の布陣として、「来年は営業30名、商品開発10名、人事部3名」などとまず考えます。そのあとに、「その仕事をだれに任せたらいいか」を決めるのです。

そして、その布陣ではうまくいかないとなると、「営業は10名で、商品開発を30名」と平気で変え、いままで営業だった人を商品開発に配置転換することになります。ですから、その変化に柔軟に対応できないと、会社員として働き続けるのは難しいのです。

「ジョブ型」へのシフトにより、会社員でも「自分がやりたい仕事」につけ、やり続けられる可能性は、かつてよりは高まるかもしれません。しかし、本当に「自分に合った仕事」をやり続けられるかどうかは保証されないのです。

「ジャニーさん」よりも『山P』になりたい

私のところに、キャリアの相談に来られる方がけっこういらっしゃるのですが、私がよくするのが次の質問です。

「もし芸能界しか働く場所がなかったとしたら、だれのようになりたいですか?」

大泉洋さん、秋元康さん、ジャニーさん、山Pさん、霜降り明星の粗品さん、田中みな実さん、作詞家の松本隆さん……最初は戸惑いますが、けっこう楽しそうに、いろいろな人の名前を挙げてくれます。

この質問でわかる可能性があることの1つが、その人のキャリアでの大きな指向性です。

「プロデューサーになりたいのか、プレイヤーになりたいのか」

ジャニーさん、秋元康さん、黒澤明さんなどと答える人は、プロデューサー狙いです。山Pさん、粗品さん、田中みな実さんなどと答える人は、プレイヤー狙いです。

会社員の場合、特に事務系の場合、最初はプレイヤーでも大丈夫ですが、課長、部長、となればなるほど、そこで求められるのは「自分がいいプレーをできること」よりも「チームの力を最大限に引き出すこと」であり、社内外のさまざまなリソースを結集して成果を出していくプロデュースの力なのです。つまり、「ずっと山Pでいたい」「ずっと松本隆さんのように歌詞を書いていたい」といった〝一生プレイヤーでいたい〟夢を、会社員として実現することはかなり難しいのです。

プレイヤーとしてのキャリアを貫き通したい人は、じつは会社員には向かない人になります。

さて、いかがだったでしょうか？

10の特徴のうち、当てはまったものはいくつありましたか？

「ほとんど当てはまらなかった」という人は、かなり会社員に向いているのだと思います。ただ、会社員として一生安泰かといえば、話はまた別です。なぜなら、ここで紹介した前提が、「〃いま時点での〃会社員」だからです。私は、会社員という働き方も今後は大きく変わり、「終身雇用の終焉」「副業ＯＫ」「テレワーク化」などの流れを見ても、より独立の働き方に近くなってくると見ています。また当然ではありますが、会社員に向いているからといって、独立しても大丈夫かと訊かれれば、それはまた違う話になってきます。

逆に、たくさん当てはまって、ショックを受けたかもしれません。しかし、重ねて申し上げますが、「会社員に向かない」だけで、「仕事に向かない」ということではないのです。

その１つの証拠が、この私です。私自身は、じつはこの10個すべてに当てはまる会社員でした。で、今は不幸かといえば、そんなことはありません。独立して、会社員時代には想像もしなかった、幸せなビジネス＆ライフを満喫しています。また、逆に考えれば、これらのポイントで自分を変える努力を重ねていけば、会社員としての働き方も十分にブラッシュアップできるのです。

では、「会社員に向かない」ということが、自動的に「独立したら大丈夫！」というお墨つきになるかというと、それも残念ながら違います。独立し、成功するのであれば、やはりそれに向けた努力が別途必要になってきます。

そして、田原俊彦さんや山Pさんには、ジャニーさんの万全のプロデュースがありましたが、独立にチャレンジする私たちには残念ながらジャニーさんはいません。本当に独立し、そして成功したかったら、自分で、自分をプロデュースしていくしかないのです。

ということで、次の章からは、仕事、お金、時間、人、マインドのそれぞれの大事な側面から、「独立する場合はどのようにセルフプロデュースしていけばいいか？」を具体的に考察していきます。そして、そのプロセスを通して、会社員と独立の違いが、より多面的、立体的に浮き上がってくると思います。それらをふまえて、ぜひご自身への気づきを、さらに深めてみてください。

CHAPTER2

仕事が創れれば、なんとかなる

独立したら、会社員と違って、具体的な「担当業務」や「業務の指示」がありません。「黙っていても、仕事が与えられる」ということがそもそもないのです。つまり、独立するのなら、なんの仕事をしたらいいのか、何をやったら食べていけるのか、自分がやる仕事は、全部、自分自身で創り出していかなければならないのです。

しかし、それが、言うほどかんたんではありません。

「いったい自分は何の仕事をすればいいのか?」

「自分には何ができるか、さっぱりわからない……」

独立の最大の壁は、この、「仕事を創る」ことにあるのです。

逆に言えば、「仕事を創る」ことさえクリアできれば、つまり「独立してこの仕事をやっていく!」ということが明確になれば、「お金」「時間」「人間関係」「メンタル」といったことに、いち早くフォーカスして力を注げるようになります。

そこで、この第2章では、「自分にあった独立の仕事」を、どうやって見つけ、どのように創るのか、そして、それをいかに定着化させていくかを考えます

独立=得意×好き×貢献

自分が「得意」なこと。
自分の「好き」なこと。
お客様に「貢献」できること。

私は、この「得意」と「好き」と「貢献」の3つが重なる仕事をすることが、「独立」を成功させ、楽しく、長続きさせるコツだと、独立して15年経ったいま、しみじみと実感しています。

「これから独立するなら、どんな仕事がいいですか？」

このような質問を受けることがよくありますが、私はその質問に対し、「あなたはITエンジニア」「あなたはラーメン屋さんではなく、唐揚げ屋さん」「あなたは研修講師」な

ど と、怪しい占い師のように答えたことは一度もありません。

たとえば、今後「手づくりの唐揚げ屋さん」が流行り、たくさんのお客様に「貢献」でき、しかも儲かることが確実にわかっていたとしましょう。だとしても、もし本人にとってそれが「得意」でなければ、たとえばまずい唐揚げしか作れず、接客も満足にできないのであれば、仕事として成立しません。無理してやっても、より「得意」なライバルにお客様をもっていかれてしまうだけです。

では、「得意」だったら大丈夫でしょうか？　それだけで軽々しくYES！とは言えません。なぜなら、もし「得意」であっても、唐揚げづくりや接客が「好き」

図3　独立＝得意×強み×貢献

「得意」と「好き」と「貢献」の3つが重なる仕事をすれば、
「独立」に成功し、楽しく、長く続けることができる！

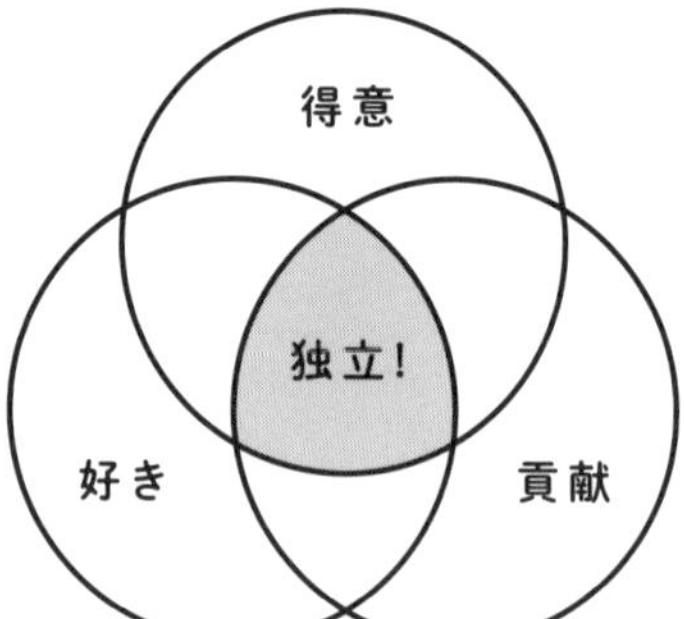

でなかったら、唐揚げ屋さんとして成功してお金を稼げたとしても、イヤでイヤでしかたがない、地獄の日々になるだけだからです。

「得意」で「好き」なことさえ見つかれば独立できるかというと、それも違います。たとえば、けん玉が日本チャンピオンになるくらい「得意」で、しかも1日中けん玉ができれば幸せ！というくらい「好き」な人の場合はどうでしょうか？　その「得意」で「好き」なけん玉で、独立して、生活していけるでしょうか？　残念ながら、いくら「得意」で「好き」でも、それがお客様への「貢献」につながらなければ、お金をもらうことはできません。もしそこにプラスして「貢献」があれば、たとえばその「けん玉をやっている姿」を見るのが楽しみな人が多くて、実際にそれをＹｏｕＴｕｂｅで１００万人が見てくれて、しかも配信するたびにそれが続く、などということがあれば、立派な独立の仕事になる可能性は十分にあります。

思いきって独立したとしても、その仕事に「得意」と「好き」と「貢献」のどれか１つでも欠けていたら、成功できないし、長続きしないし、自分も幸せにはなれません。逆に言えば、「得意」と「好き」と「貢献」が重なり合う仕事を具体的に見つけることができれば、独立は「夢」から「リアル」へと一気に変貌するのです。

「得意なこと」は小さなプロセスで探す

「思いきって、得意なことで独立してみたら？」

そう投げかけると、必ず帰ってくる筆頭のリアクションがこれ。

「そんなこと言われても……得意なことなんて、自分にはないですよ！」

こんな類の、ややキレ気味なセリフです。

では、本当に「得意なことなんか自分にはない」のでしょうか？

「難易度の高い外科手術ができる」
「どんな案件でも無罪を勝ち取れる弁護能力がある」
「F1レーサーができるドライビングテクニックがある」

「ジャニーズで活躍できるルックスやダンス力を持つ」

そんな「やたら大きなもの」で考えていれば、多くの人は、たしかに「得意なことなんかない」となります。しかし、はたしてそのような大きなものだけが「独立できるような得意なこと」なのでしょうか？

自分の得意なことを探すポイントは、「小さなプロセスで探す」ことです。「営業が」「マーケティングが」「研究開発が」といったメッシュで探すのは、少し大きすぎます。たとえば、マーケティングが得意だったとします。では、その業務の中の、どんな仕事のプロセスが得意なのでしょうか？

「新しいアイデアを発想すること」
「データの奥にあるお客様の心理をつかむこと」
「A4の紙1枚に、わかりやすくまとめること」
「会議で、営業がワクワクするようなプレゼンができること」
「工場を粘り強く説得すること」
「新商品のネーミング」

…


このように細分化して、自分が得意なことをつかんでみてください。

また、このような目で探せば、現在の目の前の担当業務がなんであれ、だれでも「得意なこと」を探すことができます。営業や総務や経理や生産の仕事の中にも、「プレゼン」「資料作成」「他部署との交渉」「他者のモチベーションアップ！」など、同じようなプロセスはきっとあるはずです。独立に必須である「得意」のタネは、会社員の自分の半径5mにあるのです。

「得意なことなんかない」と思ったら、「なんでそんなこともできないんだろう？」を探す

では、その小さい「自分が得意なこと」は、どのようにしたら見つかるものなのでしょうか？

まず、「得意」とは何かを、いま一度考えてみましょう。たとえば、プールで25m泳げ

る人がいたとします。もし、この人が2歳の子どもだったら、「泳ぐのが得意！」と言ってなんの問題もないでしょう。では、その人が20歳だったら……25m泳げるだけでは「水泳が得意！」とはならないはずです。なぜなら、2歳児と違って、多くの20歳が25m以上をなんなく泳げてしまうからです。つまり、「得意」かどうかは、絶対的なものではなく、他者と比較したうえでの、相対的なものなのです。

これは、ビジネスでも同じです。たとえばメーカーで働いていて、「論理的な思考」が得意だと考えていて、周囲もそれに同意していたとしましょう。でも、その人がコンサルティングファームに転職したら……ひょっとしたら、そこには「論理的な思考」がもっと得意な人がウジャウジャいて、「とてもじゃないが、得意とは言えない！」となるかもしれないのです。「あの店は麺が秀逸！」「この店はスープが絶品！」などとみなさんがラーメン屋さんの評価を語るときも、無意識であっても、ほかのお店や、いままで食べてきたラーメンの平均値などとくらべて語っているはずです。ですから、自分1人で、だれもいない部屋の中で自己分析して、1人静かに「これが自分の得意なことだ」とニヤリと笑う、といった見つけ方は、けっこうリスクがあります。

私も、「得意なこと」が自分にあることに、ずっと気づきませんでした。やっと気づけたのは、大学時代の友人たちと食事をしていた時です。酔ってきた友人が、話の途中で急に叫んだのです。

「堀田！　お前ソレだよソレ！　いいなぁ、ホントに羨ましいよ」
「お前、こういう場での話、絶対にスべらないんだよなぁ、昔から」
「そして、お前がいると、絶対に場が楽しくなるんだよな。自然な仕切りがうまい！」
「俺もいろいろと努力したけど、堀田のように自然に場を盛り上げるの、ムリだわ」

それを聞いて、私は驚きました。なぜなら、そんなのは得意なことでもなんでもなく、「だれにでもできる、かんたんなこと」だと思っていたからです。

（ひょっとしたら、こういうことが俺の「得意なこと」なのかもしれない……）

「得意」なこととは、このように自分があっけなく、自然に、かんたんにできてしまうものを指します。「これが得意だ！」などと力んで、意識して、がんばって、なんとかやれていることは、はたして本当に得意なのか、逆に疑ったほうがいいかもしれません。

そして、自分がかんたんにできるのに、ほかの人たちにとってはそうかんたんではなかったとしたら……

そうです。それが、他者と比べて「自分の得意なこと」なのです。

他人の仕事や行動を見ている中で、失礼ながら

「なんでこんなこともできないんだろう？」

と不思議に思うその中に、自分の真の得意なことという宝はあるのです。

あなたも、同僚や後輩を見て「なんでこんなこともできないの？」と思うことはありませんか？　ひょっとしたらそれは、その人ができないのではなく、「あなたができすぎる」のかもしれません。「得意かどうか」は、自分ではなく、相手が、相対的に、決めるものなのです。

お客様は「使ったことのない資格」は買わない

「『得意なこと』を使って独立しましょう！」

そう聞くと、多くの人はこう考えます。

「では、なんの資格をとろうか……」

もちろん、医師や弁護士のように、その資格がないとできない仕事は、なければ話になりませんから、資格取得がそのスタートになることに異論はありません。その他の業務でも、資格を持っていたほうが相手に一定の安心感が生じることもまちがいないと思います。ただ……

「資格さえあれば、独立できる」

「資格さえあれば、仕事の依頼がある」

そんな気持ちだとしたら、正直ちょっと安直で危険です。

たとえば、次の2人のどちらかにコーチを依頼するとしたら、あなたはどちらにお願いしますか？

・コーチングの資格を持っているが、まだだれのコーチもやっていない人
・コーチングの資格はないが、独立して実際に100人のクライアントを持ち、10年間のコーチの実績がある人

おそらく、後者にお願いするのではないでしょうか。

また、次の2人のどちらかだったら、どうしますか？

・コーチングの資格を持っているが、まだだれのコーチもしていない人
・コーチングの資格はなく、独立したばかりだが、会社員時代に上司として多くの部下のコーチングを実施し、その部下の1人が社長になり、その社長が「私が社長になれたの

は、あの方のコーチングのおかげです」と公言してはばからない人

やはり、後者の人にコーチを頼みたくなりませんか？　これは、「ＭＢＡを取得したが、経営の経験がない人」と「ＭＢＡなどの資格はないが、経営者として会社の再建を実践した人」などでも同様です。

お客様は「使ったことのない資格」を買いません。お客様が買いたいのは、「アウトプットの実績」なのです。つまり、「得意なこと」というのは、その裏づけとして、「アウトプットの実績があるもの」なのです。

そして、アウトプットの実績は、独立する前から、会社員時代から積み上げることが可能です。というよりむしろ、「会社員時代に積み上げたものがあるから、得意と言えるのであり、だから独立する」というほうが、自然なアプローチになります。

自分が得意と考えることの裏づけにどんなアウトプット実績があるか、ぜひチェックしてみてください。そして、もし将来独立するのであれば、いまからでもまったく遅くはないですから、ぜひアウトプット実績を積み重ね、「得意なこと」を磨き上げておきましょう。

会社員の「やったもん負け」が独立の得

では、会社員時代に、どういう視点で、どうやって得意なことを磨き上げておけばいいでしょうか。

「やったもん負け」という言葉が会社員の世界にはあります。会社員というのは、ある種「サブスク」の世界です。つまり、定額働き放題。だから、同じ給料なのに、たくさん仕事をするのは「損」だという考え方です。

しかし、独立すると、世界はガラッと一変します。定額制から、案件ごとのフィーになります。たとえば「書類を書く」という仕事があったとしましょう。会社員だと、1日に1枚書く人も、5枚書く人も、給料は変わりません。将来的には5枚書く人のほうが出世して、ということがあるかもしれませんが、そうしたら給料で5倍の差がつくかといえば、そんなことはないでしょう。しかし、独立すると、「1枚書くといくら」の世界になります。1枚で1万円だとしたら、1日に1枚書く人の日給は1万円ですが、1日に5枚書く人の日給は5万円になります。つまり、「会社員の損は、独立の得」なのです。

もし、将来的に独立を視野に入れているのなら、会社員時代から、そんな視点でトレーニングを重ね、得意なことを磨き上げておくことをおすすめします。上司になるとわかるのですが、一番忙しくて追い詰められたときは、一番仕事ができる部下に仕事を振ります。日本代表のサッカーで、負けている後半になると、澤穂希さんや本田圭佑さんといった「エース」と呼ばれる人にボールが集中するのと同じです。上司の手が回らないときに「悪いけど、こんな資料を作っておいてくれないか」と言われるくらい得意でなければ、独立してお客様から「資料を作ってくれ」とは言われません。

もう時効だから話しますが、私が独立を最初に意識したのは、すでに独立していたかつての先輩から、「悪いけど、こんな資料をまとめてくれないか」と急に頼まれた時でした。土日にその資料を家で作ってお送りしたら、なんと、ちょっとした謝礼をいただけたのです。

「そうか、もし独立すると、こんなふうにお金をもらえるのか!」

そんな新鮮な驚きを感じたことを、今でも覚えています。

その後、「講師で独立するかもしれない」と思い始めてからは、とにかく、会社でのプレゼンや会議での発表の場面が貴重に思え、機会を見つけたら率先して手を挙げました。それは、「やったもん負け」どころか、将来勝つために自分の得意技を磨く絶好のトレーニング機会だったからです。

「得意」は人が、『好き』は自分が見つける

独立して成功するためには、「自分の得意なこと」を活かすことが重要ですが、私はそれ以上に「自分の好きなこと」で独立することがなによりも大事だと、この15年で確信しています。得意な人も、上手な人も、最終的には「好きな人」には勝てないのです。「得意」と「好き」は違います。うまくできるかどうかと、それを好きかどうかは、まったく別次元の話です。

本当に得意かどうかは、本人よりも、周囲のほうが正確に評価できるものなのかもしれません。しかし、それを好きかどうかは、本人以外に、だれもわかる人はいません。ですから、「好き」を見つけられるかどうかは、「得意」とは違って、自分1人にかかってきま

す。そしてこれは、客観的な思考や分析やデータではなく、文字どおり、主観的な感情や感性の問題なのです。

会社員の世界では、「得意なこと」が評価されます。そして、評価されるとうれしくなります。しかし、「評価されてうれしい」と「自分が好き」も、厳密には違います。

私は、強烈なリーダーの下で実務を一手に担う、「番頭」のような仕事をしたことがあります。そして、けっこう得意だったのです。そのリーダーも評価してくれるのでうれしく、会社員時代はずっと自分でも「番頭の仕事が好き」だと信じていました。しかし、独立した今、はっきりと世界に向かって叫ぶことができます。「番頭の仕事は、『得意』だけど、『好き』ではない！」と。

「得意」と「好き」と「貢献」の重なりが独立には必要であり、どれも重要ですが、もしこの中で順序をつけるなら、私は「好き」を独立の一番の軸に据えるべきだと考えています。「好きこそものの上手なれ」で、好きでさえあれば、今は不得意でも、将来得意になる可能性が十分にあるからです。そしてその貢献が、その仕事が好きでさえあれば、その遂行の道中でさまざまな困難に出会っても、クリアしていけるのです。

「得意」と「好き」と「貢献」の重なりを作る2つのアプローチ

「得意」と「好き」と「貢献」の重なりを作っていくアプローチには、大きく2つあります。この2つのアプローチは、2つとも、「好き」をその軸に据えています。

1つは、「好きな貢献」、つまり「好きな仕事」を先に見つけて、それを自分の「得意」なプロセスでできないかを考えていく、というアプローチです。

もう1つは、「自分の得意で好きなプロセス」からスタートするアプローチです。「得意で好きなこと」、私はそれを、独立を強力に引き寄せるという意味で「キラー・プロセス」と呼んでいるのですが、その「キラー・プロセス」を使って、どうやって、何をやって「貢献」していくかを考えるのです。

私自身は、アプローチ1でスタートし、途中からアプローチ2も加わり、というハイブリッドだったと思います。

31歳で休職という挫折を経験した私は、復職後に2度と同じ目に遭わないように、自分のために、「仕事とはなにか」「どうやったら、もっとうまくできるか」を研究し、実践し始めます。そんな私が、自分でも驚きましたが、人事部で、教育担当を拝命します。

「自分の失敗と回復の経験が、これからの若いビジネスパーソンの役に立つ！」

このような使命感が強くあったのはもちろんですが、私はノーロジックで「人財育成」の仕事にのめりこんでいきました。それは、理屈ではなく、好きだったからです。

同時に、自分は会社員適性がそれほど高くないことも、徐々に明確になってきたのです。

図4 得意×強み×貢献の重なりを作る2つのアプローチ

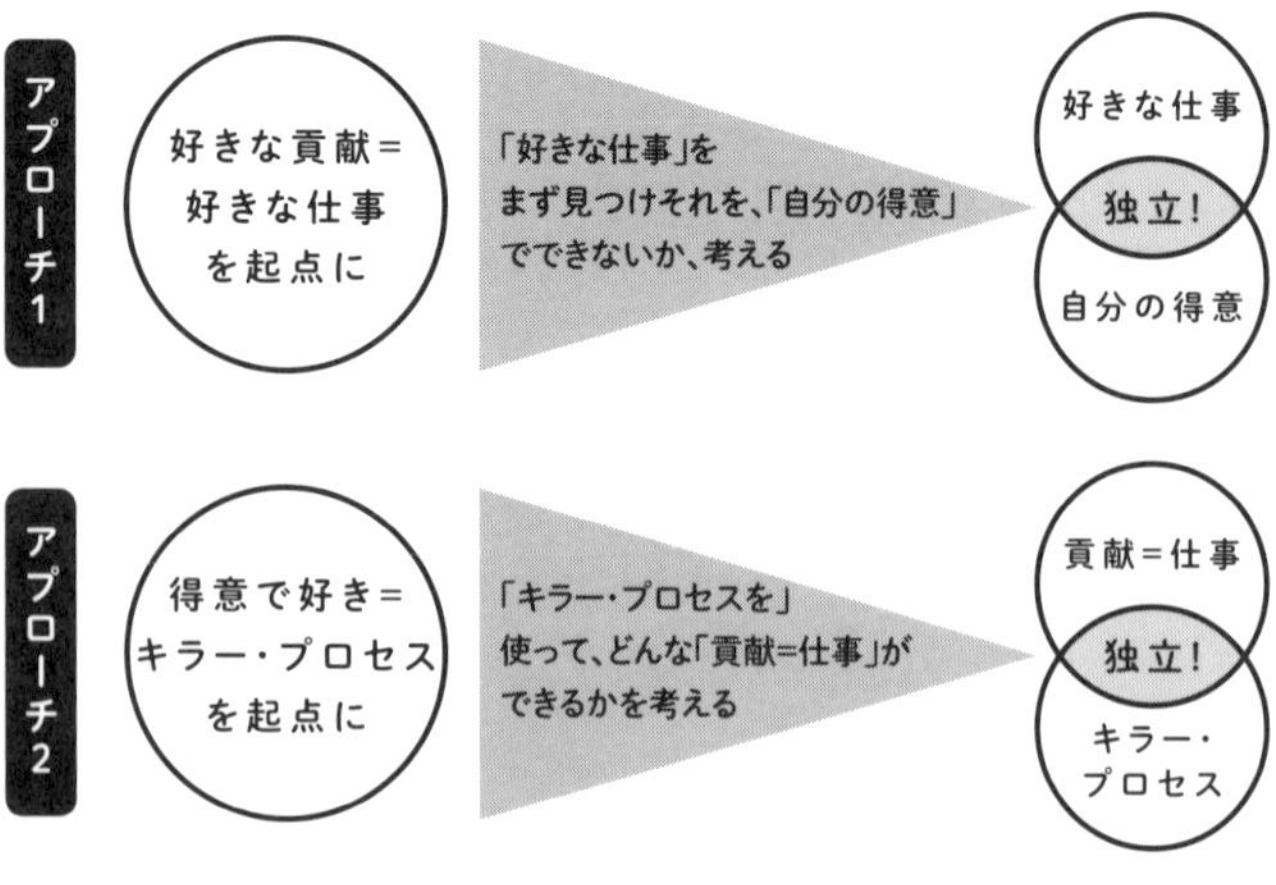

アプローチ1
好きな貢献＝好きな仕事を起点に
「好きな仕事」をまず見つけそれを、「自分の得意」でできないか、考える
好きな仕事
独立！
自分の得意
アプローチ2
得意で好き＝キラー・プロセスを起点に
「キラー・プロセスを」使って、どんな「貢献＝仕事」ができるかを考える
貢献＝仕事
独立！
キラー・プロセス

「人財育成という好きな仕事を、自分の得意なことで、なんとか独立してできないものだろうか……」

その「好きな仕事」と「自分の得意」の接点が、「研修講師」だったのです。

このように、「好きな仕事」がまずあって、それを「自分の得意」でどうやるかを考える、というのがアプローチ1になります

一方で、アプローチ2のような思考も並行して自分にありました。アプローチ2的に整理すると、私の得意で好きな「キラー・プロセス」は、次のようなものです。

・わかりやすくすること
・ロジックとパッションとユーモアで伝えること
・体系化すること
・失敗を自己開示すること

「これらを使って、もっとも貢献できる仕事は」と考えたのが、「研修講師」と「執筆」

だったのです。そしてまさにこの瞬間も、これらのキラー・プロセスを使って、本書を書き上げるべく、悪戦苦闘ならぬ〝良戦楽闘〟をしています。

「正月や土日に読める本」が独立のヒント

「仕事」や「プロセス」を自分が好きかどうかは、どうしたらわかるのでしょうか？

「その本を、正月やゴールデンウィーク、土日に読めるか？」

これが、「自分が好きかどうか」を見極める、もっともかんたんな方法の1つだと考えます。

私は、食品メーカーで会社員時代を過ごしました。就職活動での志望職種が「マーケティング」だった私は、見事に希望が叶って、28歳で冷凍食品のマーケティングの部署に異動となります。そこでの私のメインの担当製品は、「ハンバーグ」でした。さぁ、ハンバーグにだれよりもくわしくならなければ……ただ、職場で「ハンバーグ」に関する本をやおら取り出し、鳴っている電話や飛び込んでくるメールを無視してゆっくりと読み込む、なんて時間はありません。というわけで「土日にゆっくり読もう」と考えるのですが……恥ずかしながら、私は土日に、買っておいたその「ハンバーグの本たち」を開くことがどうしてもできなかったのです。頭では「今週こそ読まなければ」と思うのですが、これは理屈ではありません。自分に甘い私は、土日は、どうしても「自分の好きなこと」で「仕事で疲れた自分に埋め合わせ」をしたくなってしまうんですよね。そうです。「ハンバーグの製品開発」は、正直に白状すると、残念ながら「私が好きな仕事」ではなかったのです。

そんな私は休職し、復職して数年たった時に、自分でも考えたことのなかった「人事部教育担当」になります。異動して迎えた最初の元旦、自分はあることに気づいてびっくりします。そうです。元旦の昼間、自分は無意識に、なんの気負いもなく、「人財育成に関する本」を読んでいたのです。

土日に、どんな本なら喜んで読めますか？　そこに、独立のヒントはあります。

「問題解決」「ファシリテーション」「データ分析」……たとえばこのような本が喜んで読めるなら、問題を解決したり、ファシリテーションをしたり、データ分析したりといったことが「好きなプロセス」なのでしょう。食品関係の本が喜んで読めるなら「食品関係の仕事」が、建築デザインの本を貪るように読めるなら「建築関係の仕事」や「デザイン関係の仕事」が、おそらく「好きな仕事」なのです。

現在の私は、テレビを見ていても、公園をジョギングしていても、落語を見ていても、美術館に行っても、常にどこかで「研修」のことを考えています。ジョギング中に「そうか、今度こういうワークをやってみよう!」などと思いつき、ニヤニヤしたり、テレビでの芸能人同士の会話から「そうか、本番前はそんな準備をするのか!」などと気づいたりしています。そういう意味では、年中無休で「研修講師」なのかもしれません。しかし、まったくそれが苦にならないのです。好きですから。

「経験や能力は高いが、その仕事が好きではない人」と、「まだ能力は高くないが、好きでたまらない人」がいたら、最後に勝つのは後者だと、私は確信しています。

「〝お客様としての〟好き」と「〝仕事としての〟好き」は違う

「好きな貢献」、つまり「好きな仕事」を見つけていくうえで、気をつけていただきたいことがあります。

まず大事なのが、「〝お客様としての〟好き」と「〝仕事としての〟好き」は違う、ということです。

「食べるのが好き！」「旅行が好き！」
→だから食品会社に、旅行会社に就職する！

これがいかに危険な就活かは、すでに働いている方にはおわかりですよね。〝お客様として〟レストランで食事をし、海外旅行に行くのが好きだからといって、それを〝仕事として〟好きになれるかどうかはまったく保証できません。その生き証人の1人が、この私です。私はたまにおいしいハンバーグを食べるのは大好きでしたが、四六時中ハンバーグのことを考え、お客様の要望とコストや工程の現実の中で悩みながらハンバーグを開発するのは、残念ながら好きではなかったのです。

この本の中で、わかりやすい独立の1つのたとえして「ラーメン屋さん」を出していますが、たとえば事務系の普通の会社員が、ある日突然ひらめいて「よし、ラーメン屋さんをやろう！」と、それまで人に作ったこともないラーメンで勝負するのは、もっとも危険で、おすすめできない独立の形です。

自分が得意で好きだと思っている「キラー・プロセス」があるなら、ぜひ実際にそれを〝仕事の中で〟使って、本当に得意なのか、そして好きなのかを、頭ではなく〝体で〟確認してください。もし旅行関係の仕事が好きだと思うなら、実際に〝仕事として〟やってみて、本当に好きなのか、自分のもっとも深いところに尋ねてみてください。仕事として実際にやってみなければ、好きか、自分に合うかなどわからないのですし、実際に経験して、そのうえで「よし、この仕事は好きだ！」と確認してから独立したほうが、未経験の仕事を好きだと信じ込んで独立してしまうより何万倍も安心です。

たとえば、もし研修講師になりたいのであれば、会社員時代に、会議や発表会やディスカッションの場を徹底的に検証の場として活用してください。やってみて、会議でのプレゼンが実際には楽しいものでなかったのであれば、講師として独立するのは大変に危険です。

「自分だってやればなんでもできます！」
「自分には無限の可能性があります！」

などと、やったこともないのに、なぜか根拠のない自信にあふれている人がいます。そして、その人たちは共通して、独立の夢を語りながら永遠にそれを具体化できない傾向があります。データはないですが、いろいろな人の独立相談を受けてきた中での私の実感値です。

好きかどうかは、一度ではわからない

もう1つの落とし穴にも注意してください。それは、

「1回やっただけで、『この仕事も違う!』と判断してしまう」

というトラップです。

「どんなことも、最初の1回目はuncomfortable（不快）です」
「だから、1回目の感覚で決めてしまわないことが、何をやるにも大事です」

これは、日本のテレビ局で働いた後、若くしてニューヨークに移住し、以来独立して文字どおり世界をまたにかけて活躍し続けている、松本ちあきさんからいただいた金言です。

サッカーを生まれてはじめてやる人が、初日からキレキレなプレーができるでしょうか？

野球をはじめてやる人が、初日からダルビッシュさんの球を打てるでしょうか？

おそらく初日は、まったくできない自分に出会う、もっともつまらなくて辛い1日になるのです。どんなことも、最初の1回目は、不快なのです。ある程度できるようになる段階まできていないのに、「これも好きでない」「これも自分には合わない」と切り捨て、次の青い鳥を探してさまようのは、本当に危ないことなのです。

「自分の夢をすでにかなえている人」を見つける

「得意」と「好き」と「貢献」の重なりを作れれば、独立し、成功し、長く、楽しく続けることが可能になります。この3つが、同心円になれば最高です！　「得意と好きと貢献が一体になっている状態」を、私は「無敵の独立パターン」と密かに呼んでいます。

しかし、同心円にするのはもちろんのこと、「得意」と「好き」と「貢献」の重なりを〝具体化する〟のは、言うほどかんたんではありません。独立の相談に来られる方に、「具体的にどんな仕事をしたいのですか？」と尋ねると……

「……人財育成の分野で……何か役立てれば…………」

「…………自分のマーケティングスキルで、困っている企業様に……」

と、ちょっと下を向いて、困ったような顔で、漠然とした、抽象的な「夢」のような話を語る方が多いのが現実です。

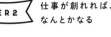

夢を持つことは大事ですが、そこからもう一歩「具体化」に踏み出さないと、自分でも結局何をしたらいいかわからない日々が続き、躊躇して、ずっと「会社員のまま独立の夢を語る人」にとどまってしまいます。でも、ここでけっこうつまずく人が多いのが現実ではないでしょうか。

じつは、独立後の仕事のイメージを具体化、明確化する、かんたんで効果的な方法があります。それは、

「自分の夢をすでにかなえている人を見つける」

ことです。つまり、自分と同じような「得意」と「好き」を使って、すでに独立して、具体的に「貢献」をしている人。あるいは、独立してやりたいと考えている自分の「好きな貢献」つまり「好きな仕

図5　無敵の独立パターン

事」を、独立してすでに成立させている人です。そうした人を見つけることができれば、夢の具体化への道が一気にパッと開くのです。

人事部の教育担当の時に、私は、それまで参加者の立場で受けるだけだった「研修」に、企画し、実施する側から関わることになりました。その中で、錚々たる企業研修のプロの先生たちと出会います。

（世の中に、こんな仕事があるのか……）

（このクオリティの研修をおこなうと、これだけの金額がもらえるのか………）

気がついたら、「もし自分が独立するなら、この人たちのようになりたい」という目でその先生たちを見ている自分に気づきました。

近くでじっくりと、さまざまなプロの先生たちの「具体的な仕事」を見ることができなけれぱ、今の自分はなかったと断言できます。実際の研修場面だけでなく、日ごろの立ちふるまいや言動、顧客とのコミュニケーション、研修がないときの過ごし方、著者としての執筆の話……それらを通して、自分の目指す姿も、努力の方向性も、どんどんと具体的になり、明確化していったのです。

独立するとなった場合に、「前人未到の」「まったくの新しい形で」となることは、じつはほとんどありません。この広い世界、自分が思いついたことは、すでに多くの先人がやっているものです。独立を視野に入れているのであれば、いち早く、「この人みたいになりたい」の「この人」を見つけ、その人が具体的に何を、どのようにやっているのか、ベンチマークしてみましょう。

「そんなこと言われても、まわりに独立で成功している人なんていませんよ！」

そういう人は、まず、大きな書店に遊びに行くことをおすすめします。「独立して楽しそうに仕事をしている人を探す」という視点で、本を探してみるのです。すると、コンサルタントだけでも、「経営コンサル」「マーケティングコンサル」「ＩＴコンサル」「人事コンサル」「育児コンサル」「夫婦問題コンサル」「インテリアコンサル」「断捨離コンサル」……などと、たくさんの人に出会うことができます。そして２０００円程度を払って本を手に入れれば、その人たちから、その仕事を教えてもらうことができるのです。

カテゴリーを分ければ「第一人者」になれる

「得意」と「好き」と「貢献」の重なりが見つかり、「独立の仕事」が具体的になったら、かなり大きな前進です。しかし、そこはゴールではありません。そこが独立のスタートラインなのです。

世の中には、自分以外にも、たくさんの独立した同業者がいます。その中から、実際にお客様に選ばれなければ、仕事をすることはできません。「では、どうしたらいいのですか？」と尋ねられたら、私はこう答えます。

「とにかく、そのサービスで『第一人者』になることです」

たとえば外でラーメンを食べたくなったとします。自宅から気軽に行ける範囲に5軒のラーメン屋さんがあったとすると、頭の中には1位から5位まで、じつはちゃんとランキングがあったりします。すると、あなたが行くのは……はい、1位のラーメン屋さんにな

ります。2位でも5位でも、売上はゼロになってしまうのです。ですから、

「これを頼むなら、あの人」

という1位の人、つまり「第一人者」になっていないと、お客様に買ってはいただけないのです。

「強みを見つけるのだってひと苦労なのに、一番になるなんてムリですよ……」

そんな声が聞こえてきそうですが、ご安心ください。こんな私でも、ちゃんと「第一人者」になっているのです。今から、その方法を伝授しましょう。

第一人者になる方法、それは、「カテゴリーを分ける」というマジックです。私のメインの仕事である「研修講師」で具体的に説明してみましょう。

世の中には、「研修講師ができる」という人が10万人くらいはいるでしょうか。そしておそらく、聞かれれば、ほぼ全員が「研修講師が得意で好きだ」と答えるはずです。ですから、「研修講師が得意で好きな堀田です」とだけ名乗ってしまうと、10万人の中の1人

になってしまいます。

ではそこに、「論理的」というカテゴリーを追加するとどうでしょうか？ おそらく、だいたいの講師は論理的でしょうから、まだ8万人くらいに絞られるだけです。そこに「体系的」を加えると、やっと4万人くらいに絞られるくらいでしょうか。

さらに私は、コンサルタントや研修会社や大学教授ではなく、「実際に事業会社で働いていた経験」を持つので、2万人くらいに絞られます。そこから「営業やマーケティングだけでなく、人事の経験もある」で5000人くらいに、さらに「新人から課長までの経験がある」ので2500人くらいに入れます。

そして、「仕事で挫折して休職し、そこから復職し回復した経験」です。これで一気に10人くらいに入れます（休職までした人は、10人もいないかもしれません）。

そんな私は、若手・中堅社員に向けた「7つの行動原則」という「オリジナルプログラム」を持ち、「失敗談」で研修を展開します。

はい。これで私も、無事に「第一人者」になりました。

ラーメン屋さんも、「ラーメン屋さん」とだけ記憶されてしまったら、お客様の頭の中で3位に終わってしまうかもしれません。しかし、「魚介系の塩ラーメンならココが一番！」というように記憶してもらえれば、第一人者になれるのです。

「何から手をつけたらいいか」で悩んだら、「最終的なメニュー表」だけを考える

「○○先生のような講師になりたいのですが、どこから手をつけたらいいでしょうか?」

独立してやりたい仕事が具体化、明確化したあと、次のハードルになりがちなのが、「では、どこから手をつけたらいいのか?」という問題です。ここで一番やってはいけないのが、よくわからない中で「あの先生みたいに都心にオフィスを借りよう」「秘書を雇おう」といった、インフラ面の真似をして、固定費の高い投資をいきなりしてしまうことです。

まず、何から手をつけたらいいか……おすすめなのは1つだけ。

「お客様への『最終的かつ具体的なメニュー表(提案書)』を作る」

これは、ある老舗の有名な洋食屋さんの専務から聞いた話ですが、新しい店を出そうと

するとき、素人がやりがちな、一番やってはいけない順序が、いきなり客席のレイアウトを考えたり、お店のインテリアを考えたり、厨房に入れる最新の機器を考えたり、というアプローチだそうです。ではプロはどこから考えるかというと、「お客様に最終的に提供する具体的なメニュー」からでしかありえない、というのです。


「このビーフシチューをこの値段で提供する」ことがまず決まる。

次に「そのビーフシチューにもっともふさわしいお皿」が決まる。

それからサイドメニューが決まる。

それらを並べてみて、はじめてテーブルの大きさが決まる。

そのテーブルを、どこに、どのように配置すればいいかで、客席のレイアウトが決まる。

「満席になった場合にちゃんと提供するためにどうするか？」で、はじめて厨房の大きさや設備が決まり、必要なシェフのスキルや人数が決まる。


こういうことなのです。私もこれが、プロの仕事の原則的なアプローチの順序だと考えます。つまり、最終的に提供するメニューから、すべてを「逆算」して考えていくのです。私でいえば、企業の人事部の教育担当様に「何ができますか？」と聞かれたときにお渡しできる『7つの行動原則』研修のご提案」という提案書を作ることがすべてのスタートになります。

このような「最終的なメニュー表」が決まると、

「では、そのお客様にはどうやったら会えるのか？」

「自分が開発しなければならない具体的なワークは何か？」

「その研修に必要な、パソコンや資材は何か？」

「研修の事後課題に必要な書籍はあるのか？」


などと、それを本当に提供するためには何が足りないか、自分にはどんな準備や努力が必要なのかが、おのずと見えてくるのです。

「なんでもやれます！」はＮＧワード

「で、本当に仕事を発注してもらえるのか?」

やはり実際に独立すると、これが最大の関心事であり、心配事になります。心配で心配で、そして必死ですから、どんな小さなチャンスも失いたくなくなります。すると、「お客様からみた自分の可能性」をどんどん広げたくなります。結果、「あれも、これも、どれも、なんでもやれます!」と、レストランでいえばメニューの数をどんどん増やしていきがちになるのですが……このアプローチは危険です。

そのことを実感したのは、人事部の教育担当で、研修を買うお客側だったときです。研修の売り込みというのは、けっこう多いものです。アで始まる会社名でリストの先頭にあったからかもしれませんが、いわゆるテレアポの電話が日に何本も入ってきますし、いろいろな方面からのご紹介もあり、毎日のようにご提案の席につくことになります。

それで、お打ち合わせの中で「では、どのような研修をやられるのですか?」と質問すると、多かったのが……

「はい。ニーズに合わせて、新入社員から経営層まで、研修ならなんでもやれます!」

といった答えだったのです。

（なんでもできる、と言われても……）

「なんでもできる」という会社さんが1社だけだったら、それは1つの強みになりますが、くる人、くる人に「なんでもできます」と言われると、もうお手上げです。

買う側の立場で言うと、「なぜその会社なのか」「なぜその研修なのか」を社内で説明しなければなりません。「なんでもできる会社」がいくつもあると、なぜその会社なのか、納得できる説明ができないので、結局はなにも買えないのです。つまり、「なんでもできます！」というPRは、お客様にとっては「特長がない」「だからなんにも買えない」というメッセージになってしまう可能性が高いのです。

独立するとわかるのですが、大企業と違って、1人でできる仕事には限界があります。ですから、実際にあれもこれもとはそうかんたんにできないものですし、あれもこれもやらなくてもすぐに体一つの予定は埋まってしまうものです。

私は、このお客様側の時の印象がとても強かったので、独立して講師になり、逆の立場となった今は、生意気かもしれませんが「若手・中堅社員向けの『7つの行動原則』というプログラムだけ、しかも2日コースだけをやります」ということを貫いています。さすがに「絞りすぎ」かもと思ったこともありますが、それでもおかげさまで、けっこう切れ目ない忙しい研修の日々を過ごしています。その形で10年たった今、やっと「そろそろ2つめの看板メニューを作ろうかな」と考えているところです。

個人でお店を開くなら、「なんでも食べられる」のは、規模が大きく、企業体力が強いファミリーレストランさんに任せて、「ビーフシチュー」や「担々麺」などの、「これしかやりません」で十分に勝負できます。「ビーフシチューを食べるなら、やはりあの店でしょ！」をぜひ目指しましょう。

力作の名刺が足を引っ張っていないか

人事部教育担当だったときに、羨望の目で見ていたすでに活躍していたプロの講師の方に、今思えば大変失礼なことに、直球で聞いたことがあります。

「どうやったら、プロの研修講師になれるんですか？」

するとその先生は、いたずらっぽい目でおっしゃいました。

「かんたんですよ、名刺に〝講師〟と書けば、今すぐだれでも講師です」

「研修講師には、国家資格も何もいらないですから」

さて、独立して名刺を作るとしたら、あなたはどんなものを作りますか？

まず会社名か個人事業主なら屋号を決め、それを入れて……もちろん一番大事なのは名前です。そして、住所、電話番号、メールアドレス。そしてもしあるならホームページのURLを書くのでしょうか。しかし、そこまで書いても、なんだかとても頼りなく見えます。今までの名刺にあった大企業名と肩書が、やたらまぶしく、強く思えてきます。

すると、人情として、自分の名刺を、なんとかパワーアップしたくなってきます。では、どうやってパワーアップするかというと……

・●●社　キャリアアドバイザー2級認定

・▲▲協会　××プロファイルジュニアアナリスト
・■■心理学　★★コース受講
…

などと、自分が持っている、今まで取得した、ありとあらゆる資格や特技を書きたくなってきてしまうのです。

では、この名刺は、どんなメッセージを発することになるでしょうか。私が人事部教育担当だとしたら、その名刺を見たら、まず「たくさん勉強してきた人だな」とは思います。しかし、その人に仕事を発注しようとは思いません。なぜなら、この名刺は

「自分はいろいろな資格を学んでいる側で、そのジャンルでの第一人者ではない」

というメッセージを、図らずとも発してしまっているからです。

企業研修をやる側の立場でいえば、せっかく研修するのであれば、そのジャンルで学んでいる人ではなく、少なくとも教えている人、できれば第一人者にきてもらいたいというのが本音です。ですから、キャリアの研修をやるのであれば、「●●社で学んでいるこの

人」ではなく、「●●社で教えているトップ講師」を呼びます。■■心理学の研修でいえば、そのコースを受講した人ではなく、できればその心理学の提唱者本人、少なくともそのコースで講師を務めた方を呼ぼうと考えるでしょう。

「医師」や「一級建築士」のように「この資格をもっていなければできないことがある」「自分にはそれをやる資格がある」という資格はぜひ書くべきですが、単なる認定資格を羅列してしまうと、「自分はまだ、学んでいる側である」「このジャンルには、私以上の第一人者がほかにいる」という、自分の足をひっぱってしまうメッセージにもなりかねないので要注意です。

ちなみに、私が失礼ながら質問したそのプロ講師の名刺は、表には会社名と、代表取締役としてのその方の名前がシンプルに書いてあるだけであり、裏には「その方が提供できる研修サービス」と「代表的な著書」だけが記されていました。

なぜあなたなのか、『物語』を人は買う

さらにもう1つ、一緒にお客側の立場で考えたいことがあります。それは、

「人は、商品やサービスそのものだけでなく、その『物語』も買う」

ということです。「堀田さんは、なぜ研修講師として独立したんですか？」と聞かれて、

「はい、自分が得意で、好きだからです」
「実際にやってみたら、あたりまえにできたんです」

などと答えるだけでは、ちょっと味気がなくて、もったいなくありませんか？

「営業でがんばり、希望のマーケティング部署に異動したら、なんと挫折し、休職してしまったのです」
「復職後、同じ失敗を繰り返さないために、自分の仕事をゼロから見直してみたところ、ビックリしました。なんと、20代の自分が一所懸命にしていた努力のそのほとんどが、仕事という競技にふさわしくない〝しなくていい努力〟であったことに気づいたのです」

「さらに、人事部の教育担当になり、〝しなくていい努力〟の沼に自分がはまっていることにさえ気づかず、苦しんでいるビジネスパーソンが、かつての私だけでなく、日本中の企業にいることを知って驚いたのです」
「そこで、どうやったらこれからの若手が私と同じような失敗をしないですむか、それをどう伝えたらいいか、〝したほうがいい努力〟を自分なりに体系化するチャレンジがはじまりました」
「そして、〝したほうがいい努力〟を体系化した『7つの行動原則』を、広く世の中の若手ビジネスパーソンに伝えるには、企業研修という場と手法が最適だと考え、講師として独立する決心をしたのです」

このように、そこに「物語」があったほうが、「ああ！　だからこの人はこの研修をやっているのか」と、サービスの中身だけではなく、その仕事にかける本気の想いや情熱がより伝わりやすくなるのではないでしょうか。
ただ、大事なのは「かっこいい物語を無理やり作る」ことではなく、「正直で自然な物語がある」ことかもしれません。つまり、ここでいう物語は、英語でいえば「ストーリー」というよりも、語り手自身が紡いでいくという意味で、「ナラティブ」に近いのかもしれません。

作家の村上春樹さんは、ジャズバーを経営していたある日、神宮球場で「ヤクルト×阪神戦」を芝生の上で観ていたその時に「小説家になろう!」という直観を得て、本当にそこからデビュー作の『風の歌を聴け』(講談社)を書き、小説家になったと『職業としての小説家』(スイッチパブリッシング、文庫版は新潮社)という本の中に書いていらっしゃいました。この正直なエピソードも、私にとってはとてもグッとくる物語です。

ひょっとしたら、会社員のあなたの日々の足元でも、気づかないだけで、独立への物語が紡がれているのかもしれません。

初戦でゴールを決めれば、もっと点が取りやすくなる

独立するには、まずは仕事を創り、始めることが大事ですが、より重要なのが「それを続けていけるかどうか」です。ここからは、独立して始めた仕事を、どうやって定着させていくかを考えます。

4月に入る新卒の新入社員は、はっきりいって「即戦力」とはみなされていません。ご安心ください、「いきなり仕事ができる」なんて期待は周囲のだれもしていません。ですから、新人研修を皮切りに、現場でOJTのサポートもして、じっくりと育て上げていくことになります。

しかし、独立の世界は違います。そこは、即戦力「だけ」の世界です。独立したプロと、「育ててあげよう」というスタンスで関わってくれるお客様はいません。もちろん、結果的には「お客様に育てていただいた」ということは十分にあるのですが、だからといって「私はまだ半人前です、ですからみなさんで育ててください」というスタンスで独立の仕事をはじめるのは甘えであり、相当に危険だと考えます。逆に言えば、独立した場合、最初の仕事、つまりデビュー戦はとても重要であり、いきなりのターニングポイントになってきます。

私は今でも、独立デビュー戦の研修のことは鮮明に覚えています。ある研修会社さんの外部講師として登壇した、2007年3月29日の、あるメーカー様での、1日コースの新人研修でした。研修会社さんの立場で今考えると、「独立してまだ数か月の、社内講師の経験はあるとはいえ、プロとしては未経験の講師」を登壇させるのは、言うほどかんたんなことではなかったと思います。私は、デビューが決まった時から、「絶対にこの研修は、どんな手を使ってでも、大成功させる！」と決意しました。当日は、お客様を心配させないよう、いかにも「熟練のプロです」という雰囲気で入場しました。そして無我夢中で研修をやりきった後、アンケートを見ると……参加者満足度は「オール5」でした。

そのあとは、順調でした。4月に続くいくつかの新人研修も高評価のうちに終えると、基本「新人研修だけ」という話だったのに、5月以降も新規案件のオファーをいただくことになり、それらがまたリピートして……と、どんどん仕事が増えていったのです。

サッカーの中田英寿さんは、Jリーグからイタリアのセリエ A のペルージャというチームに1993年に移籍しました。デビュー戦は9月13日、強豪ユベントス戦です。このデビュー戦で中田英寿さんは、いきなり2ゴールを決めるのです。

後に、本田圭佑さんとの対談の中で、中田さんは「それまでは練習中にもパスは回ってこなかったのに、2ゴールしたら、その後はパスが集中するようになった。わかりやすいくらい変わった」と苦笑していました。ちなみに、中田さんはこのイタリアデビューの年に、キャリア最高の10ゴールを決めます。

独立したら、ぜひデビュー戦で結果を出しましょう。プロの世界ではおそらくどこでも、最初に結果を出し、早期に信頼されることが、その後の好循環につながるのです。

そのためにできる準備と努力は、なんでもやりましょう。研修講師としてデビューする前に、私は、自宅で、妻1人を参加者に見立てて、なんども研修のリハーサルをしました。大きな会場に慣れるために、研修会場を借りて、だれもいない中、笑顔で、朝から晩まで、通しでリハーサルしたこともあります。

デビュー戦で結果を出すもっともシンプルなコツは、それをデビュー戦にしないことです。つまり、デビュー戦までに、できるだけ場数を踏んでおくのです。もし会社員時代に独立を決意したのであれば、日々の仕事の中で、できるだけ場数が踏めるように工夫してみてください。研修講師としてデビューする覚悟があるなら、目の前にある会議や打ち合わせが、そして朝礼までもが、すべて貴重な実践の場となるはずです。

スランプに陥らないためには、「一番厳しいお客様の目線」で自分を評価し続ける

「独立する」のはかんたんです。問題は、「独立し続けられるか」です。あらたに設立した会社や個人事業の「生存率」は、1年で約70%、3年で約50%、10年では約25%といわれています。おかげさまで私は、この本を執筆している今の段階で、独立して15年目にな

ります。もちろんこれは、私だけの力ではなく、いろいろな人たちのご支援のおかげですが、もし独立を15年続けられた「コツ」が私にあるとしたら、

「『一番厳しいお客様の目線』で自分を常にチェックし続けた」


ことではないかと考えます。このことだけは、独立当初からずっと続けています。

たとえば、お客様に見せる最終的なメニュー表である「提案書」を書くとします。私はこれを、お客様にお見せする前に、一番厳しいお客様に見せます。その人とは、「人事部教育担当の堀田」です。研修を企画する側だった人事部教育担当の堀田は、研修会社さんや講師の方から見ると、「けっこう厳しい人」でした。ですから、その立場で「研修講師堀田」の提案書を見るのです。


「この研修をやると、本当に現場での行動が変わるのですか？」

「なぜそこは、そう言い切れるのですか？」

「参加者には、『それは食品会社だけの話では？』とは思われませんか？」

「そのメッセージを伝えるなら、あなた以外にもっと適任がいるのではないですか？」

このように360度からスキを探し、少しでもおかしいと思ったり、納得できなかったりするところがあれば、徹底的に質問し、人事部教育担当の堀田が満足するまでQ&Aを繰り返します。そして、納得する答えが出ないのであれば、けっしてその提案書をお客様にはお持ちしません。

研修を実施する時は、「研修参加者　堀田孝治」の立場で、

「ここのワークは、もう少し時間があったほうが腹落ちするんだけど」
「ここは、講師の話ではなく、ほかの参加者の話がもっと聞きたいけど」
「納得はできるけど、『おもしろさ』や『ユーモア』ももっと欲しいな」

などと、ある種「難クセ」をつけまくります。

「自分がお客様だったら本当にそれを購入するのか？　しないなら、それはなぜか？」

この自問自答を常におこない、納得するまで厳しい「ひとりツッコミ」をしつこく繰り

返すことが、スランプに陥らないコツなのです。

この習慣には、会社員としてはあまりに使えなかった「小さな失敗にもクヨクヨしてしまう」という特性が、大きくプラスに働いているように思います。24人が参加する研修で、たった1人でも納得していなかったりすると、私はそのことだけで2週間は悩み、改善策を考え続けることができます。会社員時代はそんな自分を「そんなんじゃダメだ」と思っていましたが、独立した今はそれこそが「自分の大きな長所」だと本気で思っています。

3年目までは足し算をして、4年目以降は引き算をする

いま私は、「7つの行動原則」という1本のプログラムだけにほぼ絞り込んで研修講師の日々を過ごしていますが、じつは最初からそうなれたわけではありません。

「まだ研修講師としてなんの実績もない、海のものとも山のものともわからない、堀田と

かいう輩の『7つの行動原則』などというオリジナルの研修なんて、リスクが大きすぎて採用なんかしない！」

独立した時、もっとも厳しいお客様である人事部教育担当の堀田は、こう断を下したからです。

「企業研修」という仕事を分解すると、そこには「研修プログラム」「研修講師」「営業」の3つの仕事があります。このすべてを自分でやれば、もちろんいただける金額も一番大きくなります。しかし、冷静に考えて、その全部を担うのは、独立したての自分にはとても無理でした。では、営業はエージェントさんにまかせて、「研修講師」と「研修プログラム」は自分で、と次に考えましたが、先ほどのように、そんなのは人事部教育担当の堀田が相手にしません。ということで、まずは、「研修講師」としての自分を磨きまくろう！と考えました。

ですから、お客様に見せる最終メニューから「7つの行動原則」は削りました。お客様に売るのは、「講師　堀田孝治」だけです。そしてお客様は、研修を実施する企業ではなく、研修プログラムと営業機能を持ち、講師だけを外部委託する「研修会社」さんです。

とにかくデビュー後は、マナー研修も、コミュニケーション研修も、交渉力研修も、文章の書き方研修も、OJTトレーナー研修も、いただける仕事は全部受けました。しばらくすると、ほかの講師のご紹介で、その研修会社さん以外の仕事も声がかかるようになり、高校生の就職のガイダンス、転職者への面接のアドバイス、アクションラーニングの講師、など、どんどんウィングを拡げていき、独立2年目には年間167日も登壇するようになっていました。やはり、どんな仕事も場数を踏むことが大事です。さまざまなトラブルや修羅場も経験する中で、私のプロ講師としての力量は目覚ましく向上しましたし、収入的にも大満足な状況が実現しました。

しかし、このように「足し算」でどんどん仕事を増やしてきた中で、拭い去れない疑問が自分の中に生じてきたのです。

「このジャンルの研修は、本当に私がやるべきなのか？　私よりももっと適任者がいるのではないか？」

「これでは、営業やって、マーケやって、総務やって、人事やって、広告やって、という会社員時代と変わらないのではないか？　そもそも、なんのために自分は独立したのか？」

人に期待されて、声をかけられるのはうれしいですし、「忙しい」「仕事がいっぱいある」という状態は、なによりも独立した自分の不安を和らげてくれます。しかし、本当にこのままでいいのだろうか……。

3年を過ぎたところで、やっと、「7つの行動原則」に絞る、という独立の原点に立ち戻ることができました。私は、会社員を辞めて独立した時よりも、本音を言うとこの時の決断のほうが断然怖かったです。だって、独立してそれまで得た仕事のすべてをまた手放すことになるのですから……私の中での本当の独立は、むしろこの3年目の「引き算」の決断だったのです。

言うまでもないですが、そのように引き算して、「7つの行動原則」に絞り込めたのは、それまでの3年間、いっぱい「足し算」をさせてもらえたからです。そのような機会をいただけたことに、この場を借りてあらためて感謝申し上げます！

COLUMN

独立するか迷ったら、コイントスをしてみる

思いきって独立するか、それとも会社員のままいくか……

もし迷っているなら、ここはひとつ、「コイントス」で決めてみませんか？　100円玉でも500円玉でもなんでもいいから、コインを取り出し、「こちら側が出たら独立」「こちら側が出たら会社員」と決めるのです。

「おいおい、そんな乱暴で無責任な決め方なんて」と思う方、ご安心ください。じつは、決めるのはコインではなく、自分自身。その結果が出た時の、「自分の感情」にフォーカスするのです。

独立と出て、嫌な感覚、不快な感覚が出るなら、「NO！」が自分の本音かもしれません。逆に、独立という面を見た時、ワクワクや、うれしい感情が湧き起こったのなら、頭では考えてなくても、心の奥底では独立を望んでいるのかもしれません。「自分の感情を見つめてみる」ということは、「会社員」の面が出た時も同じです。

私は37歳のある日、妻の友人の紹介で、あるスピリチュアルなカウンセラーと面談

することになりました。当日、そのカウンセラーは私に向かって、

「会社員をやめて、独立しなさい！」

と、かなり唐突に言ったのです。

「無責任なことを言わないでください！　会社員でもきつくて毎日ギリギリな私が、独立なんて、できるわけなんかないです！」

そう食ってかかる私に、そのカウンセラーは、笑顔でさらにこう言ったのです。

「あなたは、会社員が合わないの。独立してごらんなさい！　きっとうまくいくから」

そこから先の会話は、あまりよく覚えていません。ただ、「独立したほうがいい」と聞いたその週末は、生まれてはじめてというくらいの、スキップをしたいほどの「ワクワク」に包まれていました。その3年後の40歳の時、私は本当に独立していました。

そのカウンセラーを信じたというよりも、「自分の中の正直な感情」に従っての決断でした。

CHAPTER3

お金と仲良くなれば、怖くなくなる

「どうやって実際にお金を稼ぎ続けるのか？」

独立してやる仕事が決まったら、次はこの「お金」が最大のテーマになることに異論はないと思います。そして、このお金についても、考え方が会社員とは大きく変わります。「毎月決まった時期に定額が振り込まれる」なんていうことはないですし「来年の年収も安泰！」なんていうこともありません。ただ、そのようなマイナス面ばかりを見る必要もありません。じつは、会社員にはないお金に関するプラス面もたくさんあるのです。

いずれにしても、独立するのであれば、「お金」の問題を避けるわけにはいきません。逆に直視し、お金とどんどん仲良くなれば、独立はとても楽しいものになっていきます。この章では、独立におけるお金のリアルを紹介しながら、効果的なお金との向き合い方を考えていきます。

無計画で独立した僕が最初にお金をもらえた相手とは

私は40歳になった年末に会社を辞め、独立しました。独立した時点では、「今後お金が入ってくる見通し」はまったくなく、そういう意味では、かなり無計画でした。

「さて、どうやってお金を稼ごうか……」

私が目をつけたのは、研修会社さんからの、研修講師の「業務委託」でした。業務委託とは、業務の依頼主である委託者と雇用関係を結ばずに、対等な立場で、業務をおこなう契約形態のことです。

委託する研修会社さんにとっては、業務委託契約を活用することで、次のメリットがあります。

・研修講師を必要なときにだけ依頼できる
・正社員として雇わないので、固定費（人件費）を低く抑えられる

一方私にも、次のメリットが期待できます。

・ゼロから営業しなくて済む
・講師業に専念できる
・（腕が認められたら）比較的安定して仕事が手に入る

そして何よりも、この形が「会社員だった自分が、もっともスムースにお金を稼げる」と考えたのです。

そう思ったきっかけが、前章でお伝えした「独立した先輩から頼まれた資料を書き、報酬をもらえた」という、人生初のプチ独立経験でした。その先輩が「上司」の時は、資料を書いても給料以上のお金は一銭ももらえなかったのに、「外部の人」になったとたん、それまでとほとんど同じことしかしていないのに、きちんとその分のお金をもらえたのです。

「そうか、この形なら、会社員の僕でも、独立してムリなくお金が稼げるんだ」

であれば、今まで社内講師として研修をやっていた自分は、今度は社内ではなく、それを「外部」から依頼してもらえる形をつくればいいだけです。

1月に独立した私は、2月には面接や実技試験を経て、無事にある研修会社さんと業務委託契約を結び、4月の新人研修シーズンにデビューを果たし、想定したどおり、比較的スムースに、お金を稼ぎ始めることができました。

独立の相談を受けた時に、「まず、どうやってお金を稼ぎますか？」と聞くと、意外と多いのが「企業ではなく、個人を相手にやろうと思います」という答えです。そこにきちんとした見通しがあればいいのですが、「企業よりも個人のほうが、たぶんハードルが低そうなんで」などとゆる〜く考えているのであれば、私は正直賛成しかねます。

たとえば、企業と個人のどちらがお金にシビアでしょうか？

私は、どちらかといえば個人のほうがお金には厳しいと感じています。1500円の本を個人に1冊買ってもらうほうが、数十万円の研修を企業に導入いただくよりも、ずっと難易度が高いと感じることが多々あります。また、「集客」の問題もあります。たとえ最初になんとか30人集客できても、その人たちに同じ研修を2度も3度も買ってもらうことはできないのです。まだ見ぬ個人ではなく、その仕事を実際に外部に求めている法人を探してみましょう。

「でも、業務委託なんて、それじゃあ会社員と結局同じじゃないですか！」

ご安心ください、見かけは似ていても、決定的な違いがあります。独立の場合、業務委託先を、何か所もってもいいのです。「1社に依存する」という状態が解消されるだけで、その自由度は会社員とは段違いになります。

「1社から何百万円」よりも、ずっと楽

「独立してみてわかった、最大のメリットを教えてください！」

そう尋ねられた時、かなりの確率で真っ先に私の口から出るのは

「何か所からお金をもらってもいいこと！」

です。1社からしかお金をもらえない会社員と違って、独立していれば、何か所から、

何十か所からお金をもらってもかまいません。たとえば、「年収500万円はキープしたい」としましょうか。会社員のように「1社から500万円」をもらおうとすれば、それは独立だとさらにハードルが上がります。しかし、「50万円を10か所から」「5万円を100か所から」「50万円を5か所から、5万円を50か所から」もらっても、無事に年収500万円になるのです。もちろん、「500円を1万か所から」でもまったく問題ありません。

「500万円を一気に稼がなきゃ」と思うとプレッシャーですが、このように考えると、少し視野が広がり、気が楽になってきませんか？　極論でいえば、独立したら、本業の合間に「ＵｂｅｒＥａｔｓ」をやっても別にいいのです。

副業が徐々に認められはじめているとはいえ、会社員は、基本的に自分が所属している1社からしかお金がもらえません。このことが、会社員を苦しめているすべてのことの源泉になっているのでは、と私は真剣に考えています。

「1社からしかお金がもらえない」となると、人間、どうなるでしょうか？

この会社を失ってしまったら最後なので、やはりどうしても保守的になり、リスクを恐れるようになりませんか？

たとえば、上司がある仕事を要求してきたとします。自分はまったくやる意味を感じなかったとしても、「ここで上司を怒らせて、昇進が遅れたら……」といった気持ちが頭をよぎり、なかなか「NO」とは言えなくなってきます。

また、「失敗して、万が一解雇にでもなったら」「解雇にはならないとしても、将来的な処遇に影響が出たら」などという気持ちが少しでもある以上、上司にニコニコと笑いながら「失敗してもいいから！」なんて言われても、「はい、わかりました！」などとチャレンジするなんて、現実にはなかなかできませんよね。このように、本人も気づかぬ間に

どんどん守りに入る

↓「失敗したくないから、やらない」という最悪の失敗を続ける

↓アウトプットの実績が減る

↓自分の市場価値が下がる

↓気がついたら転職もできなくなる

↓だからますます守りに入る

…

という負のスパイラルに入り込んでしまったりするのです。このように、「1社だけからの収入」には、「安定収入」という表の顔だけでなく、その裏に大きな危険があることも考える必要があります。もし「1社からの専属契約」を持ちかけられたら、「それは最悪！」と思うのが独立なのです。

私には、かなわぬ夢が1つあります。それは、「独立しても大丈夫な今の自分」を知ってから、20代の職場にタイムスリップして、もう一度同じ仕事をすることです。そうすればきっと、もっと大胆に、小さな失敗など恐れずチャレンジして、より楽しくいい仕事ができたと思うのです。

会社員時代の本業は一銭にもならず

独立して、会社員ともっとも違うと思った点はなにかと尋ねられた時、私は次のように答えています。

「会社員の時に、〝これが仕事だ〟と信じて疑っていなかったことでは、一銭ももらえなかったことです」

その一銭にもならなかった仕事とは、「打ち合わせ」と「会議」です。

独立してすぐに、ありがたいことに

「堀田さん、独立したのですね！　ぜひお話を聞かせてください！」

といくつか声がかかり、私は喜び勇んでその打ち合わせに参加しました。促されるままに、自分の人財育成に対する考え方や今後やろうと思っていることを伝え、「ご相談があるのですが……」と言われればまず親身にかつ丁寧に聴き、自分の人事部時代の知見もフル活用して、解決策までいくつかご提案しました。1時間も経つと打ち合わせは終わり、「今日は貴重なお話をありがとうございました！」と言われ、なごやかな雰囲気を残しながら、一礼して辞去します。

そんなことを繰り返していても……私には一銭のお金も入ってこなかったのです！　それどころか、会社を辞めて定期も交通費も支給されませんから、無情にも出費だけがどんどん増えていきました。

この打ち合わせに参加していたお相手の〝会社員の方々〟には、同じ打ち合わせや会議の日々の中で、決まった日にお給料がきちんと振りこまれます。しかし独立した我々は、「打ち合わせ」や「会議」という、ある種、会社員時代に本業だと信じて疑っていなかったことでは、お金をもらうことはできないのです。

ですから、独立して一番大事なことは、「自分の売り物」をきちんと具体化して形にすること、つまり「具体的な、値札のついた商品にする」ことです。お金がもらえなければ、独立の場合、それはもはや仕事でもなんでもないのです。

「お打ち合わせ」は、日本ではなかなかお金をもらうことはできません。ただそれが「コンサルティング」「カウンセリング」「コーチング」そして「研修」といった「具体的な商品」になれば、お金をもらうことができます。

もちろん、独立しても打ち合わせはとても大事です。ただ、その打ち合わせ自体は本来の仕事ではなく、その結果「具体的な商品」を購入いただき、その商品を納品して（サービスを提供して）相手側になんらかの価値を創出して、はじめて仕事になるのです。

そこは会社員も本質的にはまったく同じです。特に社内の「打ち合わせ」や「会議」は、それ自体だけでは顧客になんの価値も提供していないので、お金にはなっていないはずです。会議や打ち合わせを重ねているだけで「ちゃんと仕事をしている」などと錯覚して安心していては、そもそもプロのビジネスパーソンとしてはかなり危険な状況なのです。

「自分の値段」に迷ったら、芸能・スポーツで考える

独立した私が、とにかくとまどったのは、「で、いくらですか?」「では、お見積りを!」とお客様に言われて、「自分に値札をつけなければならない」という場面です。業務委託の場合は、委託する側が「この仕事は1日でいくらになります」と提示してくるので、その点の悩みはないのですが、直接企業様とおつきあいを始めると「自分に価格をつける」ということから逃げるわけにはいかなくなってきます。

「高い! なし!」と思われるのは嫌だし、「こんなに安いの?」となるのも嫌だし……

そんな時私は、芸能界やスポーツ界で考えるようにします。まずそこには、プロ野球選

手のレギュラークラスなら年棒がいくら、テレビのドラマの主役級なら出演料が1本いくら、といったように、だいたいの「相場」があるものです。「価格破壊」などの意図を持っているなら別ですが、相場からかけ離れた提示は、高くても低くてもお客様に違和感が生じてしまいます。ですから、まず自分の仕事の業界の「相場」を知ることがとても大事になってきます。

スポーツ選手と同じように考えれば、単純に「能力」に対してお金が払われているのではない、ということも見えてきます。たとえば、ハンドボールで日本代表になるのと、サッカーで日本代表になるのとでは、ほぼ同じレベルの運動能力が必要だったとしましょう。では、両者はプロとして同じレベルのお金を稼いでいるでしょうか？　残念ながら、ハンドボールの選手より、サッカー選手のほうが、何倍ももらえます。なぜなら、サッカーのほうが、プロリーグとして、集客を含め、より高い市場価値を形成しているからです。実際に、サッカーのJリーグができた時、それまで年収数百万円の会社員として社会人リーグでサッカーをしていた人が、一夜にして、今までと同じサッカーをして10倍以上のお金がもらえるようになりました。もらえる金額を決めるのは、能力だけではなくて、「市場価値」の問題でもあるのです。

また、プロスポーツや芸能界と同じだと考えれば、「安ければ安いほどいいのか？」ということにも注意する必要があります。たとえば、ＣＭに出る芸能人には、高い人からリーズナブルな人まで、さまざまな金額の人がいます。では、広告主は「安い人」ばかりを喜んで起用するのでしょうか？　私も広告部にいたことがありましたが、そんなことはありません。金額というのは、その人の「価値」を表す重要な指標なのです。つまり、「価格が安い」ということは、プロの世界ではある種「価値が低い」のと同じことになるのです。

私が人事部で教育担当のとき、相場から比べてかなり低い価格の研修は、いくら中身や先生がすばらしく見えても、最終的にはやはり怖くて導入できませんでした。ベンツは、１０００万円だから売れるのです。もしベンツが新車で１００万円だったら、いまのポジションはきっと得られないことでしょう。

同じコストを費やした絵でも、同じ価格にはならない

自分の業界での相場が見えてきても、まだ問題が残ります。相場というのは、プロ野球

選手の年棒と同じように、幅があるものです。

「では、その幅の中で、実際に自分の値段をどう決めていくか？」

そんな次の問題が生じることになります。

具体的な価格を決める前に、もし独立するなら、お金に関する数式を、独立仕様にリセットしておく必要があります。その独立仕様の数式とは、次のとおりです。

提供する価値＝いただけるお金

逆にいえば、「かけたコスト＝いただけるお金」でも、「かけた時間や労力＝いただけるお金」でもない、ということです。

たとえばここに、紙と絵具と筆があったとします。私がそのコストを使って、300時間かけて、顔を真っ赤にして、必死に絵を描きます。その横で、まったく同じ紙と絵具と筆を使って、ピカソという人が、涼しい顔で1時間もかけずにさっと絵を描き上げます。

さて、この同じ材料コストを使った2枚の絵は、同じ価格で売れるでしょうか？
より長い時間と労力をかけた私の絵のほうが高く売れる、なんていうことがあるでしょうか？

そんなことはありません。私の絵はおそらくタダでも引き取り手はないですが、ピカソの絵には数億円の値がつくことでしょう。お客様は、かけた「コスト」でも「時間」でも「労力」でもなく、「価値」にお金を払うのです。

このことは、会社員の世界でも本質的にはまったく同じなのですが、知らぬ間に「毎日8時間働いているから」「こんなに一所懸命に努力しているから」給料がもらえるのだと錯覚しがちで、そのことに疑いをもたなくなるので要注意です。

「自分につける値段」は、「自分が提供する価値」で決めましょう。「自分が何時間拘束されるから」「都内のオフィスの賃料のコストもかかっているから」などという発想を起点とする値決めは、ある意味、本末転倒です。

実際には、私の主戦場である企業研修は、「1日研修するといくらですか？」などと「日」や「時間」で金額の提示を求められることが多い世界です。私も、「2日研修でいくら」といったお見積りを日々提示しています。しかし、もしその価格の説明を求められたら、「2日間拘束されるから」「精いっぱい努力するから」ではなく、「参加した、生涯賃金が3億円くらいになる入社3年目の社員24名の、少なくとも5割の参加者において、数%から20%くらいの幅で知的生産性が高まり、あるいはストレスが低減する、そのくらいの効果が少なくとも本研修にはあるから」

と説明できる準備と自負は常に持っています。

しかし、実際に説明を求められたことはほとんどありません。研修をやって、「価値があった」とお客様が思えばリピートになり、「金額に見合う価値はなかった」となれば、あっさりと打ちきりになります。そうです。その価値を判断するのは、自分ではなく、お客様なのです。価値があるのかないのかは、こちらがわざわざ力説しなくても、お客様のほうでちゃんとわかるものなのです。

ですから、自分の値段が安いのは、とても危険なことなのです。なぜなら、「提供できる価値が低い」ということを、自らが認め、世の中に宣言していることになるからです。

みんながロレックスの時計を欲しがるわけではない

では、ピカソの書いた絵を、世の中の全員が数億円で買うかというと……そんなことはありませんよね。なぜかというと、「絵」に対する人生の中の位置づけや興味関心、そして価値観などが、人によってまったく違うからです。極論ですが、絵にまったく関心がない人が見れば、ピカソの絵もただの落書きかもしれないのです。

独立して、自分の提供するモノやコト（サービス）を磨き上げて、「さあこれでいけるぞ！」とお客様にプレゼンしても、あっさりと断られたり、スルーされたりしてしまい、がっかりして落ち込むことが実際にあります。もちろん、提供するその売りものに本当に「価値」がなかったら問題ですが、「そもそも、このお客様にはニーズもウォンツもない」のであれば、あっさりと切り替えて次に向かうことが大事です。

「ロレックス」という、だれもが知っているロングセラーの高級時計があります。私は20代のころから、「いつかは一生モノのロレックスを腕に巻きたい！」と思い続け、34歳の時に、思いきってローンを組んで購入し、20年たった今でも大事に左腕に巻き続けていま

す。しかし、

「時計なんて、時間がわかればそれでいい」

「時計じゃなくて、スマホで時間がわかればそれで十分」

「自動巻きとか、意味わかんない。正確な電波時計じゃなきゃNO！」


などと思っている人も、世の中にはたくさんいます。その人たちに、いくらロレックスの良さを力説しても、最高のプレゼンをしても、おそらくあっさりと「ノーサンキュー！」となるでしょう。


では、実際にそんなNOをガツンと喰らった時に、どうするか？

独立してありがちなのは、そういった何人かの人たちの「NO」に自信を失い、

「じゃあ、もっと安い時計を作るか」

「スマホがあるんだから、時計はあきらめるか」


と、自分のサービスのほうを、そのお客様の反応で変えてしまう、という落とし穴で

す。

独立のメリットの1つは、「じつはそんなに多くのお客様とはご一緒できない」ことにあると私は捉えています。ナショナルブランドの食品メーカーであれば、日本中の何千万人かにYES！と言ってもらう必要がありますが、独立した研修講師は、数十社様でもうお腹いっぱいです。私は1年に1回、HRカンファレンスという場で、人財育成のご担当者様に向けて「7つの行動原則」研修のご紹介をしています。80人の方が聞いてくださった中で、「これはいい！」「これはぜひうちの会社で！」と思ってくださる方は、毎年1人〜数人くらいです。少ないと思うかもしれませんが、同業者ならわかると思いますが、そうなれば、それでもう十分にありがたいし、二重丸！なのです。独立に必要なのは、1億人の無難な評価ではなく、30社の熱狂的なファンなのです。

もちろん、案内してもプレゼンしても、だれからも理解が得られず「ノーサンキュー！」ばかりが続くのであれば、本当にそのサービスは世の中に必要なのか、「価値がある！」という自分のただの思い込みになっていないか、再考が必要になってきます。逆にいえば、自分が提供する価値に共感してくれるお客様は本当にいるのか、そのお客様や支援者とは、どこに行けば、どうすれば会うことができるのかを真剣に考えることが大事になってくるのです。

「提供する価値∨いただくお金」になっていないとリピートはない

「提供する価値＝いただくお金」と説明しましたが、厳密には違います。「提供する価値∨いただくお金」になっていないと、1回はお金がもらえたとしても、リピートはしません。常に相手の期待以上の価値を提供し続けること、これが独立の生活を続ける鉄則になります。

これは、お客様の立場にたてばわかります。お客様は、自分がもっとも得するものを買い続けます。そして、今買っているものよりも、より得するものが現れたら、じつにアッサリと乗り換えます。

では、「得」という状態を数式化すると……それは、「自分が享受した価値∨自分が払った金額」となります。ですから、独立した我々は、その逆である「提供する価値∨いただくお金」を実践し続けなければなりません。

会社員の場合は、仕事をしてもしなくても、もらえる給料が決まっているので、「自分が提供する価値∨給料」となると「損した！」と考える昔の私のような人もいるかもしれません。しかし、もし将来の独立が視野に入っているなら、会社員時代にいち早くそのマインドをリセットしておきましょう。

ところで、ビジネスにおける「価値」とはなんでしょうか？

「価値創造型企業」「付加価値で勝負！」など、「価値」という言葉はビジネスの現場で毎日のように飛び交っていますが、「では、その価値の正体を、大学生にもわかるようにきちんと説明してください」と言われたら、けっこう難しくはありませんか？

恥ずかしながら、私が明確に価値を「言語化」して理解できたのは、独立した40歳の時でした。教えてくれたのは、『戦略的交渉力』（東洋経済新報社）という、イギリスの交渉家が書いた1冊のビジネス書でした。その中に、「価値の一覧」という表があったのです。私の「7つの行動原則」研修でも、「価値」は重要なキーワードです。ですから、いつも、この表をもとに、さまざまな観点から参加者とディスカッションをします。

この表では、価値を大きく「知性価値」と「感性価値」に分類しています。「商品」に代表される知性価値は、目に見えるもの、数値化しやすいもの、使うと減るものです。一方、「経験」「やる気」といった感性価値は、可視化しにくく、数値化も難しいですが、いくら使っても減ったり、なくなったりはしません。

そして、「コスト」という観点ではどうでしょうか？「商品」という知性価値を創り出すためにはコストがかかりますが、「好意」や「人脈」といった感性価値は、いくら創出しても、基本的にはコストは「ゼロ」です。

「提供する価値∨いただくお金」というと、「そんなことしたら、赤字ですよ！」「そこまでする必要って、あるんですか？」という人がいます。さて、本当に、赤字になってしまうものなのでしょうか？

たしかに、価値を「知性価値」に限定して考えているのであれば、赤字になるかもしれません。しかし、「感性価値」はいくら多く創出しても、コストはゼロですから、赤字などには決してならないはずです。

独立するなら、「自分が提供する価値」

図6 「価値」の一覧

知性価値	感性価値
現金、商品、サービス、サポート、資材、人材、保証、保険、契約、権利・ライセンス、時間、値引き、知的財産、その他金額換算できる付加価値など	信用、名誉、実績、経験、知識・ノウハウ、ブランド、認知度、評判、顧客ロイヤルティ、好意、誠意、真心、やる気、努力、向上心、安心感、人徳、人脈、地位、自由度、柔軟性、創造性、可能性など

出典：「戦略的交渉力」東洋経済新報社

がなんなのか、この表に基づいて、ぜひ具体的に確認してみてください。もし「知性価値」ばかりになっていたら、そこに「感性価値」を遠慮なく足していくことをおすすめします。

もしライバルと、商品の価値が同じで、価格も同じだとしたら、勝負を分けるのは、「好意」や「誠意」「やる気」「安心感」、そして「信用」といった感性価値の差になります。

二流の営業はお客様に好かれようとし、一流の営業はお客様を好きになるのです。

独立にマストなたった1つの計算式「単価×回数－経費＝収入」

「独立したいけど、数字に弱いし、簿記とかまったくわからないから、ムリかな……」

独立の相談に来る方に「何が不安ですか？」と尋ねると、意外と「稼げるか」ではなく、このような事務手続き、特にお金の管理ができるかどうかで悩んでいる、という答えが多かったりします。

結論から言います。ご安心ください。お金がちゃんと稼げれば、プロの税理士さんに頼めばそれで解決です。問題は、「税理士さんに頼めるお金があるか」のほうです。ですから、まずは「どうやってお金を稼ぐのか」にエネルギーを集中するほうが得策です。

では、独立したらまったく数字を考えなくていいかというと、さすがにそういうわけにはいきません。しかし私は、独立して以来、複雑なマクロを駆使したエクセルの計算表などは、1回も作成したことがありません。独立したらマストな、日ごろ考え続ける計算式は、基本、これ1つです。

図7 独立にマストな数式

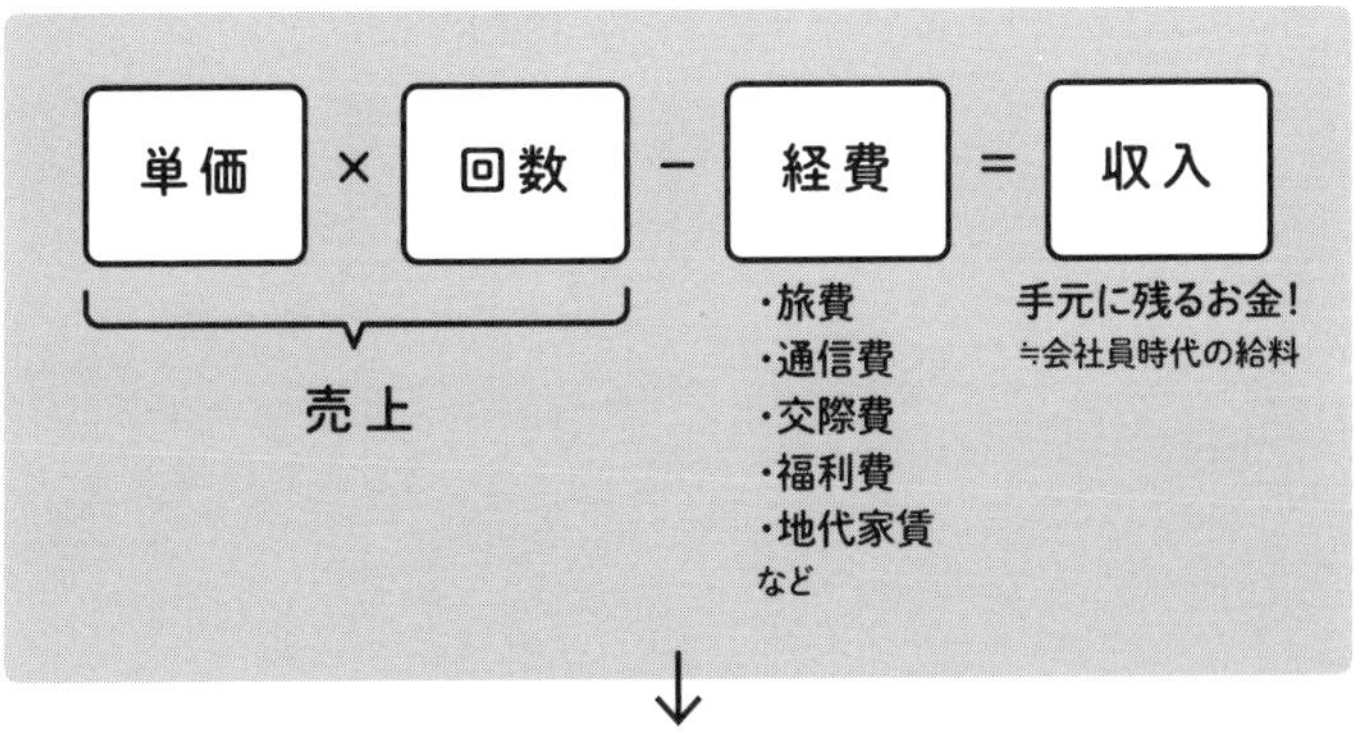

売上を増やし、経費を抑えれば、収入は上がる!

単価×回数−経費＝収入

この計算の結果である収入が、税金を払う前の、自分の手元に残るお金になります。会社員時代の額面の年収や月給と比べるとしたら、ここの数字を意識することになります。

「経費」というのは、交通費とか、スマホの通信費、仕事に使うパソコン、交際費、などです。会社員は、ここは会社が負担してくれていることがほとんどです。独立して、お客様のところに打ち合わせに伺うたびに、ＳＵＩＣＡのチャージの金額がどんどん減っていくのですが、その時はやはり「会社員って、いいよなぁ」と思います。

「経費」での大きな分かれ道が２つあります。

①「仕入れによる在庫」が発生するか？
②自分以外の人を雇うか？

本書でも独立のたとえとしてラーメン屋さんをよく出していますが、ラーメン屋さんと研修講師の私とは、この経費の点がまったく違います。

ラーメン屋さんでは、肉や野菜、調味料など、たくさんの「仕入れ」が発生し、それが「在庫」となります。一方、私が仕入れている「知識」や「ノウハウ」は、置いておく場所が必要になる「在庫」にはなりません。在庫が発生すると、コストがかかるだけでなく、それを置くスペース、冷凍庫といった設備費や電気代、さらにはその在庫管理業務、とそれに付随して経費や仕事がさらに増えます。

そして、自分以外の調理人を雇うことになったら、1人の私とはまったく世界が変わります。雇った人の「人件費」以外に、雇用保険や厚生年金、その人の交通費、などと、1人の時とは次元の違う経費が発生するのです。ですから私は、「ラーメン屋でもやるか！」という独立は、まったくおすすめしません。研修講師の私と違って、この「お金」の面でも、難易度が比較にならないほど高いのです。

「仕入れない」
「人を雇わない」
「オフィスを構えない」

そんな形でもできる、身軽な形での独立をまずは強くおすすめします。

「単価×回数」が、いわゆる「売上」になります。シンプルに言えば、「売上を増やし、経費を抑えれば、もらえるお金が増える」ということになります。

単価を左右する決定的なポイントは「1回に相手できる人数」

では、売上をどうやって高めるか。

気をつけなければならないのは、特に仕入れなしでするビジネス、つまりラーメンやスイーツなどの「モノ」ではなく、研修やカウンセリングやコンサルティングなどの「コト」を売る場合、1人だとすぐに回数に限界がきてしまうということです。1人だと、どんなにがんばっても「365日×24時間×1人」の中でしかやれないのです。

ですから、売上を高めるためには、「単価」がとても大事になってきます。

1日1万円の単価で働けば、1年に365日働いても、年間売上は365万円です。しかし、1日10万円の単価で働けば、1年に100日働き、265日は休日やほかの趣味に費やしても、年間売上は1000万円になります。

では、どうすれば単価を高く設定できるでしょうか？

じつは、案外多くの人が気づいていない、単価を左右する大きなポイントがあります。それは、「1回に相手できる人数」です。1回に相手できる人数が多くなれば多くなるほど、基本的には単価が自然に上がっていくのです。逆に言うと、1回に相手できる人数が少ない場合、多いときよりも、単価を高めるのは難しくなってきます。

「1回に1人を相手する仕事」を考えてみましょう。マッサージ師、カウンセラー、コーチ、エステティシャン、美容師、家庭教師、といった仕事です。あなたがお客様の場合、この方たちに支払えるお金はいくらくらいになりますか？　1時間に数千円、よくて1万円、どんなに高くても2万円、といったところが上限ではないでしょうか？　ですから、これらの仕事をした場合の売上は、数千円〜2万円／時間になります。

図8 売上増のカギを握るのは「単価」

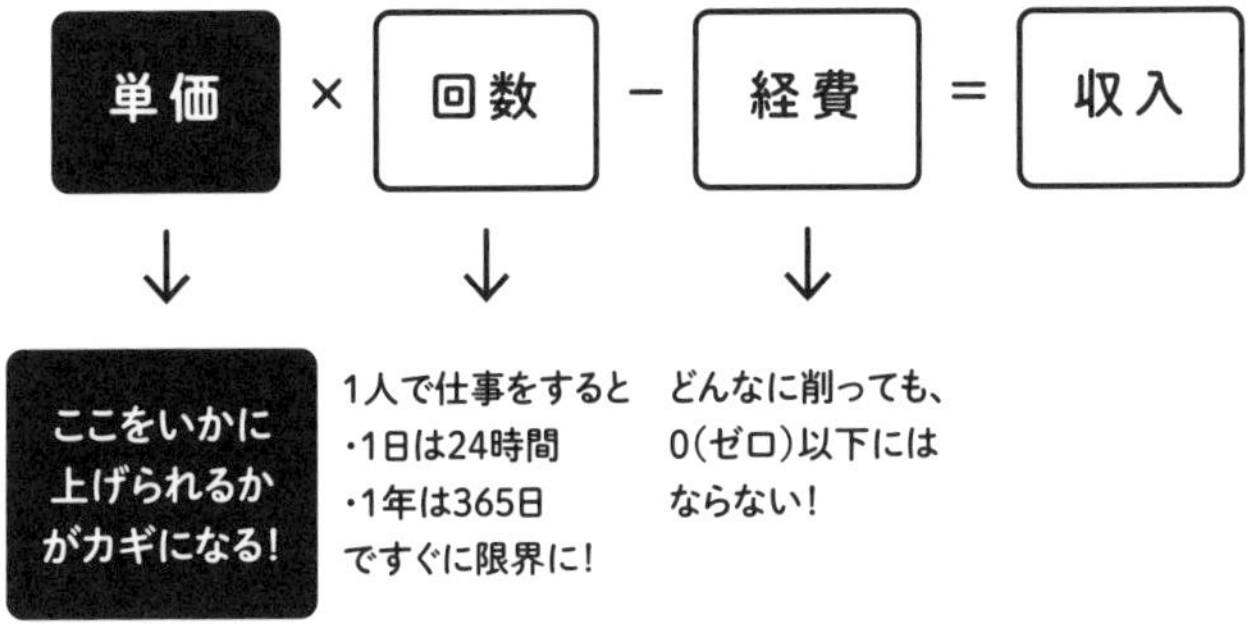
単価
×
回数
−
経費
=
収入
ここをいかに上げられるかがカギになる!
1人で仕事をすると
・1日は24時間
・1年は365日
ですぐに限界に!
どんなに削っても、
0(ゼロ)以下には
ならない!

では、1回に30人相手したらどうなるでしょうか？　たとえば、参加費が１人２万円で、１日（7時間）のセミナーを開いたとします。お客様側からすると、１時間あたり約３０００円弱払っている感覚です。これを講師側から見ると、「30人×２万円÷７時間」で、売上は「約８・６万円／時間」に激増するのです。

「1回に大人数を相手する仕事」の最たるものが、ＳＭＡＰや嵐です。国立競技場で１回５万人のライブをおこなった場合、１人ざっくり１万円だとすると、売上は３時間のコンサートで5億円。１・７億円／時間です！　もちろん「５人で」ですし、経費もたくさんかかっていますし、何より独立の仕事ではなくて事務所の仕事ですから個人にそれだけ入ってくるわけではないですが。

マッサージでは下は１９８０円／時間から極上は10万円／時間まで、コーチングでも数千円／時間もあれば数万円／時間のエグゼクティブコーチまで存在するので、「１人が相手だと必ず単価が低くなる」わけではありません。ただ、難易度でいえば、１回に相手できる人数が多くなればなるほど、単価を上げやすくなることはまちがいないでしょう。

コツは、１人で受けても、30人で受けても、お客様の立場から見て「価値が変わらない！」「むしろかえって価値が高くなった！」というサービスの提供を考え、実践すること。嵐のライブは、１人でＤＶＤを見るよりも、国立競技場で5万人が一緒に観たほうが、お客様もうれしかったりするのです。

あと、「どこの単価で考えるか」というのも大事です。つまり、「お客様が払う単価」で考えるのか、「自分がもらう単価」で考えるのか。たとえば、次の2つの研修があった場合、あなたはどちらを選びますか？

・「総額20万円で、講師の取り分が10万円」の研修
・「総額50万円で、講師の取り分が6万円」の研修

もちろん、その選択に正解などありませんが、もしこの2つが同じ日にバッティングして、研修内容などほかの条件も同じであり、こちらでどちらかを選べ、独立して間もないタイミングの話であったら、私は後者を選びます。なぜなら、「お客様から見た自分の価値」をいたずらに低くはしたくないからです。

総額を払うお客様からは、私の取り分はわかりません。ですから、20万円の研修に出講すれば、お客様は私を「20万円の価値の講師」と考え、50万円の研修に出講すれば「あの講師は50万円の価値がある講師！」と判断されるからです。そしてそれを長く続けると、それがお客様側から見た「相場」になってしまいます。総額20万円の研修に出続けてしま

うと、50万円の研修からは声がかからなくなってしまうリスクがあるのです。

売上不振になったら、トライアルとリピートで問題をはっきりさせる

「売上がなかなか上がらない……」

「一度は上がった売上が、徐々に下がってきている……」

会社員と違って、独立は売上減がダイレクトに収入減となってしまうので、こうなると正直、とても不安になります。もしこのような状況になったら、右往左往したり、神社やパワースポット巡りに走る前に、冷静に「トライアル」と「リピート」とで、この状況を分析し、具体的な打ち手を導き出すことをおすすめします。それぞれの定義は次のとおりです。

トライアル↓自分の商品にどれだけのお客様がトライしてくださったか、つまり「新

規購買者数」のこと

リピート↓購買者の中で、どれだけの人が文字どおりリピートして、また買ってくださったのか

売上不振の場合は、トライアルとリピートのどちらか、あるいは両方に問題があるのです。どこに問題があるのか、まずはトライアルとリピートで分析してみます。

単価が一定だと仮定すると、基本的には次のようになります。

①新規にトライアルするお客の数
＞リピートしないお客の数↓売上拡大

②新規にトライアルするお客の数
＝リピートしないお客の数↓売上維持

図9 売上とトライアル数・リピート数の関係

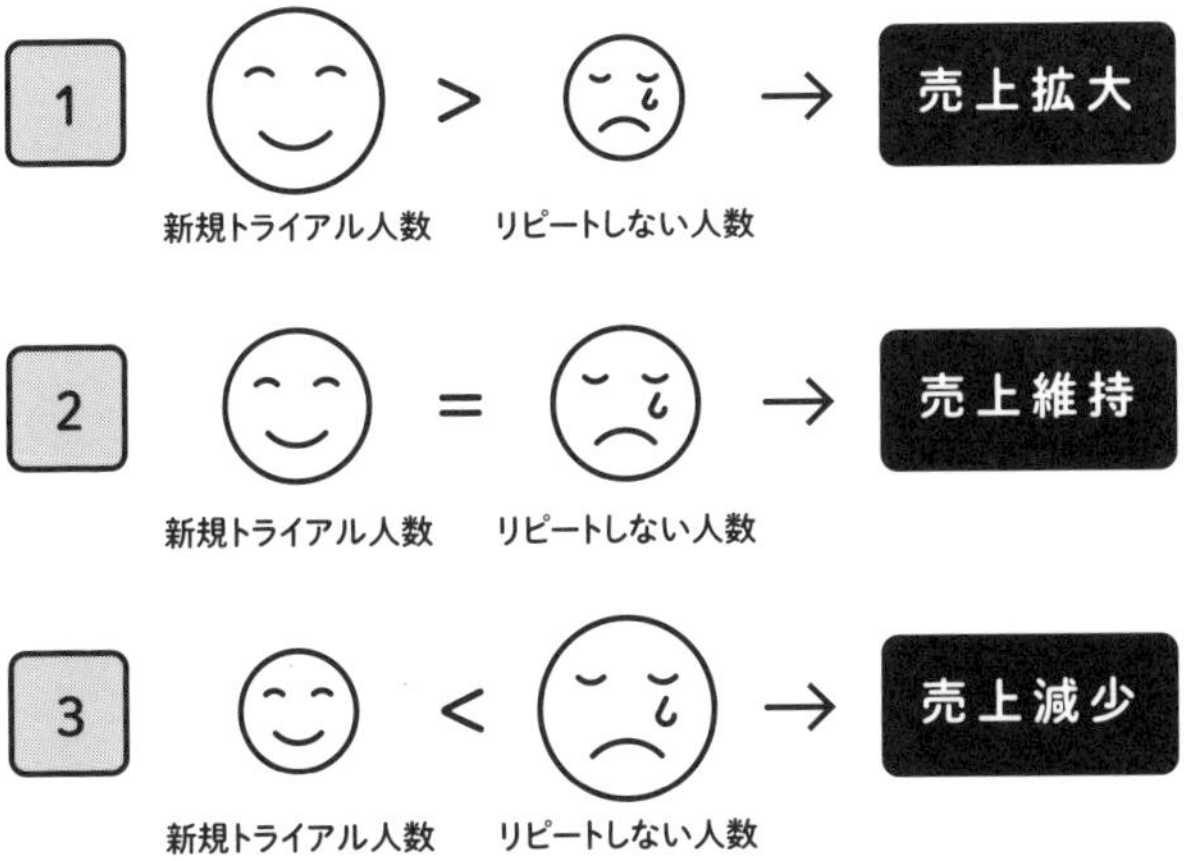

③新規にトライアルするお客の数
＜リピートしないお客の数→売上減少

では、さらに③の「売上減少」の中身を見てみましょう。

（A）リピートしない人は少ないが、それ以上に新規のトライアル数が少ない
（B）新規のトライアル数は多いが、それ以上にリピートしない人が多い

同じ売上減少でも、この（A）と（B）では、今後打つべき手が大きく違ってきます。

（A）は、リピートには問題がない、つまり一度購入したお客様の多くが、また買っ

図10 同じ「売上減少」でも、中身によって打ち手は変わる

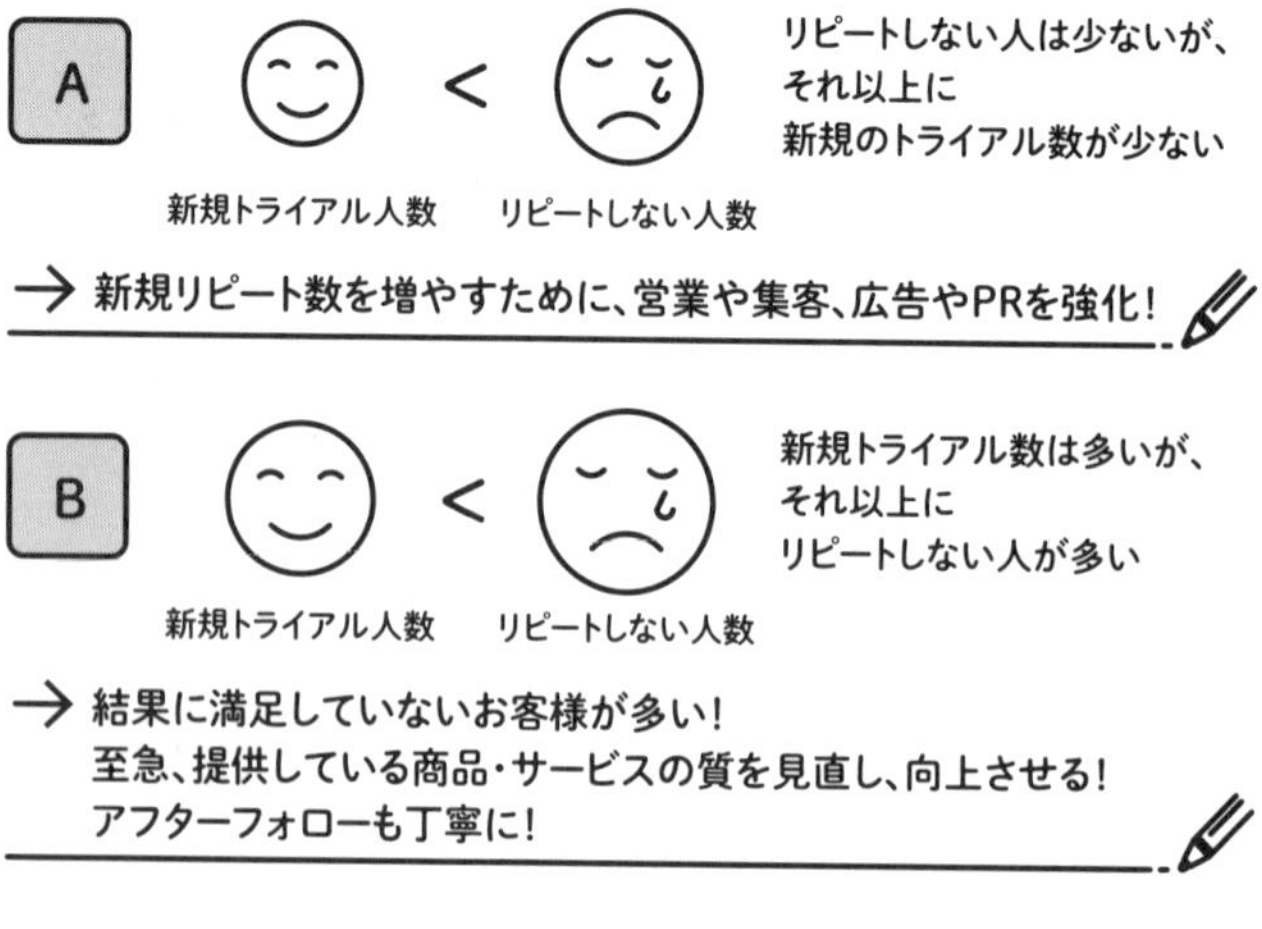
A
リピートしない人は少ないが、
それ以上に
新規のトライアル数が少ない
新規トライアル人数
リピートしない人数
→新規リピート数を増やすために、営業や集客、広告やPRを強化！
B
新規トライアル数は多いが、
それ以上に
リピートしない人が多い
新規トライアル人数
リピートしない人数
→結果に満足していないお客様が多い！
至急、提供している商品・サービスの質を見直し、向上させる！
アフターフォローも丁寧に！

てくださっているということです。ですから、お客様は提供しているサービスの質や価格には一定の満足をしていると考えられます。問題は、新規のトライアル数が伸びないという点です。つまり、「まだ購買してないお客様に、この商品の良さが伝わっていない」ということになります。したがって、(A)の場合は、サービスの内容や価格ではなく、次のことが見直すべきポイントになります。

・ホームページやメルマガ
・告知やデモンストレーションの場や方法、タイミング
・新規獲得に向けた営業の強化
・「紹介」を促進する働きかけ
・広告出稿の検討

(B)は、新規のトライアル数は問題がないということなので、告知や集客、そして新規の営業は問題ないと考えられます。問題は、リピートしてくれる人が少ない、つまり「一度は買ったが、次は買おうとは思わない」というお客様が多いところにあります。この場合は、提供している商品やサービスの「質」を早急に見直し、向上させる必要があり

ます。あるいは、「価格」の見直し、アフターフォロー体制のチェックも必要です。この状況を放置していると、トライアル数が多いだけに、「一度購入して、失望したお客様がどんどん増えていく」という、かなり危険な状況がどんどん進展してしまいます。「あそこはダメだ」というクチコミが業界に拡がり、定着してしまうと、その後にいくら商品やサービスを改善しても後の祭りです。

「そもそも、自分のビジネスは、リピートが期待できるビジネスモデルなのかどうか？」

新規に独立をする前に、それを考えておくことをおすすめします。たとえば、ラーメンやマッサージ、ヘアカットは、リピートが十分に期待できます。一方、「家」といった一生に一度くらいしか買わないものや、一度教わればOKの「研修」や「セミナー」などは、同じ内容ではリピートが難しくなります（ただ、研修の場合は「個人」で見ればリピートはないですが、「企業」から見ると「毎年課長になる人には受けてもらう」といったようにリピートが期待できます）。

リピートが期待できない場合、毎年毎年「トライアル数で勝負！」となり、売上の組み立てや考え方自体、リピートが期待できる場合とは大きく違ってきます。トライアルの向上は、外注して他者に手伝ってもらうことが可能ですが、リピートの向上を外注することはできません。ですから、まずは、リピートが確実にくるよう、自分の商品、サービス、腕を磨き上げましょう。

「ナタデココ」＝ヒット商品の生き方、「ほんだし」＝ロングセラーの生き方

独立した場合の、意外に気づかない、大きな分かれ道がもう1つあります。それは、「ヒット商品」を出し続ける道と、「ロングセラー」で生きる道、どちらを選ぶかという分かれ道です。これは、どちらが良いか悪いかといった問題ではなく、その人の好みや適性、そして大きく言えば「生き方」の問題かもしれません。

一見同じに見える2人の研修講師でも、「ヒット商品」の講師と「ロングセラー」の講師とでは、まったく違う日々と生き方になります。「ヒット商品」の講師は、

「これからは『マインドフルネス』が大企業でもくるな！」

「『リモート時代のコミュニケーション』はいけるかも！」
「『Teams会議術』はどうだろう！」

と常に新しいヒット商品（研修）を考え、形にし、告知し、営業して、実際に研修を実施して、といった忙しい、目まぐるしい日々を過ごします。一方で、私のような「ロングセラー」の講師は、「7つの行動原則」といった1つの同じプログラムを、毎年ほとんど同じリピートの企業様を相手に、コツコツと、続けていきます。

私が「ロングセラー」のほうを選ぶことになったのは、会社員時代にDNAに叩き込まれたからかもしれません。私がお世話になった会社は、「ほんだし」「Cook Do」「カップスープ」といった、今やすでに立派な中高年になったロングセラーを、毎年、一所懸命にコツコツと売り続ける会社でした。私が入社したころに、「ナタデココ」というヒット商品が世の中を席巻したことがあります。飲みの席で「なんでうちの会社は出さないんですか？」と素朴な質問をすると、先輩が次のように答えてくれたことを、今でも鮮明に覚えています。

「うちの会社は、ヒットではなくて、ロングセラーを実現する会社だから。ロングセラー

は地味だし、ある種おもしろくないかもしれない。けれど、結局はこれが一番お客様に貢献する。逆に言えば、真にお役に立ち続けていなければ、ロングセラーではあり続けられない」

ロングセラーの道は、平易ではありません。長くご愛顧いただくためは、長くリピートしていただくことが大前提になります。そしてロングセラーには、当然、新しいライバルが次々とチャレンジし続けてきます。その中で生き残らなければならないのです。

郷ひろみさんという、50年近く「ロングセラーのアイドル」をやっていらっしゃる方がいます。最初は西城秀樹さん、野口五郎さんがライバルでしたが、たのきん、少年隊、光GENJI、SMAP、嵐、King&Princeと、次から次へと新しいライバルが登場してきます。あるラジオの番組で、「郷さんはずっと変わらないですね！」というアナウンサーに対し、郷さんはこうおっしゃっていました。

「違いますよ。変わらないでいるためには、変わり続けなければなりません。郷ひろみであり続けるために、9割は変えてきました」

私は、つきつめて考えれば、「講師がやりたい」のではないのかもしれません。「7つの行動原則」を中心に、「人生をかけてこれを伝え続けたい」というものがあるのが独立の立脚点です。ですから、ロングセラーになる以外に、生きる道はそもそもなかったのかもしれません。ロングセラーであり続けたい以上、伝える中身は変わらないにしても、

・集合研修ではなくオンライン研修
・オンライン研修でもなく講演
・講演ではなく書籍
・書籍にプラスしてＹｏｕＴｕｂｅ

といったように、伝えるメディアや手法は今後どんどん変わっていく、いや、変えていかなければならないのでしょう。

COLUMN

個人事業主でいくか？　法人化するか？

会社を辞めて、そのまま個人で仕事をすると、「フリーランス」になります。そして、フリーランスが税務署に「開業届」を出すと、「個人事業主」になります。独立した人のほとんどは、まずは個人事業主として仕事をスタートすることになると思います。

次のターニングポイントが、「法人化するかどうか」です。その細かい違いは、税理士さんなどの専門家がたくさん記事を書いているので、ここでは両方を経験した私の「体感での違い」を記します。その判断をするうえでの大きなポイントの1つが、「どちらが金銭面で得なのか」であるのは、まちがいない事実です。

個人事業主の場合は、会社員と同様、「所得税」を払います、所得税は累進課税なので、所得が多くなればなるほど、税率も高くなります、ちなみに、所得金額が330万円までだと10%、900万円までだと23%ですが、900万円を超えると33%になります。法人は法人税を払いますが、中小企業の法人税率はいくら稼いでも23%程度です（以上は、令和3年現在の数字です）。また、法人のほうが、自宅兼事務所、自動車、生命保険料、退職金など、認められる経費の幅が広がりますし、家族に給料を払うことができます。そして、将来的に事業を拡大し、新たに人を雇うような場合には、個人事業主よりも人が集まりやすいことは言うまでもありません。ですから、「年商1000万円が見えてきたら法人化したほうが得！」などと言われます。

しかし、法人化すると、今度はひとり社長でも厚生年金などの社会保険への加入がマストになりますし、赤字でも法人住民税は必ず課税されます。そして、決算や税務関係の手続きや処理も、さすがに自分では難しくなるので、プロの税理士さんにお願いするようになります。私の感覚からすると、「自分のお金」の面では、個人事業主でも法人でもあまり変わらない、というのが本音です。

もちろん、このような「自分の損得」も大事ですが、私はむしろ「相手の立場」から考えて法人化を決めました。昔から、「法人のほうが社会的な信用がある」と言われます。ただ、株式会社には資本金が1000万円以上必要だった時代と違って、今は1円でも設立できるので、その点はかつてほど差がないかもしれません。

じつは、会社員時代から私が一番気になっていたのは、個人事業主の方に支払う時、支払う側が「源泉徴収」の手続きをしなければならない、ということでした。たとえば、10万円の支払いをする場合、支払い側が約1万円を源泉徴収として先に納税するのです。慣れれば難しくはないのですが、やはりちょっとした手間だったことを記憶しています。「お金を支払ってくださるお客様側に、そのような手間をプラスでかけさせるのは……」という観点から、私は株式会社化を決めました。

CHAPTER4

時間の使い方で、成果が変わる

独立したら、時間に対するスタンスも、実際の使い方も、大きく変わりました。1人で働く場合、そしてモノではなく「自分」を売る場合、1日24時間と1年365日の時間が、もっとも重要な「売り物」になってくるのです。

そしてもちろん、「1日8時間会社にいたから」「今月は休まずに働いたから」というだけでお金がもらえることもありません。

この「時間」というリソースを、どう活かしていけるかが、独立の成否を分けます。独立するのであれば、時間に対する感度を「独立仕様」にリセットする必要があるのです。

独立したら、会社員時代の仕事の9割が消滅

会社員と独立とでは、「時間」の感覚が大きく変わります。私が一番驚いたのは、会社員時代に「仕事」だと思って一所懸命にやっていたことの9割が、きれいさっぱりと消滅したことでした。その仕事とは、会議や資料作成、報連相、そしてメールのやりとり、です。

なぜ消えたのか。最初はキツネにつままれたような気分でしたが、やがてすぐにその理由がわかりました。なぜなら、それらのほとんどが「社内調整」だったからです。独立したら、調整が必要な「社内」はなくなります。いても、妻が1人、です。

私が独立して一番うれしかったことは、メールや電話が激減したことです。今でも、仕事の電話は週に2〜3本、メールも1日に5本以下ではないでしょうか。

逆に言えば、待っていてもなにも仕事はないですし、どんなにサボっていてもだれからもなんの注意もありません。つまり、「依頼されたことをやる」「指示されたことをやる」といった「受け身」のスタンスでいれば、会社員と違って、無事に仕事はゼロになります。そして、仕事がゼロになれば、当然のことながら、収入もゼロになります。

さらに、休日と勤務時間の境目もありません。夜中何時まで働いても、土日にどれだけ働いてもOKですし、月曜の朝からAmazon Primeで映画を見ても、水曜日の午後から日帰り温泉に行ってもOKです。

会社員の手帳は「ねばならぬ帳」「やらされ帳」、独立の手帳は「自由帳」「アイデア帳」「仕掛ける帳」

そして、会社員と違って気をつけなければいけないのは、「その時間が、ちゃんとお金になるか」です。

会社員は、決められた時間、〃仕事とみなされること〃をしていれば、それが社内調整であっても、あるいはパソコンの前に座って仕事のフリをしてヤフーニュースを鑑賞するだけであっても、毎月、決まった日に給料が振り込まれます。ところが独立すると、夜中まで資料を作っても、1日10件の打ち合わせをしても、何本メールを送っても、それが「フィーの決まった仕事」でなければ、もらえるお金はゼロ円です。逆に、たとえば「1日20万円のセミナー」を月に3日だけやれば、残りの27日間、何の仕事をしなくても、月収は60万円になります。

そして、仕事を始めると、あっという間に持ち時間がなくなってしまうのも、独立という働き方の1つの特徴かもしれません。なぜなら、仕事を他人に振ったり、だれかに手伝ってもらったり、フォローしてもらったりできないからです。「パソコンが動かなくなった！」という時に、会社員なら会社の情報システム部に直してもらいながら、代わりのパソコンを借りて仕事をやればいいですが、独立すると、その日1日、自分1人でパソコンと格闘して終わり、です。

独立してすぐ身に染みてわかったことは、「お金にならないことをやっている時間は、つきつめれば、仕事でもなんでもない」ということでした。自分の時間をどれだけお金にできるか、つまり「自分の時間をどれだけ〝具体的な値札がつく形で〟お客様につなげ、役立てることができるか」に、独立の成否はかかっているのです。

そういう意味では、会社員と独立とでは、「手帳」も変わります。会社員の手帳は、えてして「ねばならぬ帳」「やらされ帳」になりがちです。あるいは、周囲から押し寄せてくるメールをさばいていたら1日すぐに終わるので、手帳など実際にはほとんど使っていない、という方もいるのではないでしょうか？　一方、独立すると、手帳はマストです。なぜなら、そこにある自分の時間が、ある種唯一の「売りもの」であり、それを直視しない日々などありえないからです。そういう意味では、会社員と違って、独立の手帳は「自由帳」「アイデア帳」であり、「仕掛ける帳」なのです。

営業時間を最小化するカギは「自動的なリピート」

「『お金になる時間』を最大化し、『お金にならない時間』を最小化する」

独立した場合、これが時間とかかわり方のキモになります。つまり、「調整」「打ち合わせ」「メールのやりとり」などの時間は最小化し、「具体的な値札のつく形」でお客様のお役に立っている時間をできるだけ長くすることを考え、実践していくのです。たとえば、ラーメン屋さんなら、「ラーメンを作って、提供して、食べていただく時間」、研修講師なら「研修に登壇している時間」をどのように多くしていけるかを考えます。

そこでカギになるのが、集客や営業です。集客できずにお客様がいなければ、ラーメンを作ることも、提供することも、食べていただくこともできません。また、営業して成約しなければ、研修の舞台に立つこともできず、参加者になんの価値も提供することができないのです。

ただ、気をつけないと、矛盾の沼にはまってしまうことがあります。営業しなければ、仕事をする機会はたしかに手に入りませんが、営業ばかりしていると、今度は具体的な値札のつく形でお客様のお役に立つ時間、つまり仕事をする時間がみるみる減っていってしまうのです。なぜ自分は独立したのでしょうか？　おそらく、「営業の日々」「集客の日々」を送りたかったからではないはずです。それなのに、毎日毎日、嫌な営業ばかりをしている日々が積み重なっていくなんて、あまりにも残念です。

つまり、「仕事を多く手にするが、営業にかかる労力と時間は極力短くする」ことが、独立で成功する重要なポイントになるのです。

でも、そんな魔法のようなことが、実際に可能でしょうか？

はい、可能です。そのカギを握るのが、「リピート」と「紹介」です。

1回仕事をして、リピートしていただければ、その営業時間は実質「ゼロ」になります。そして紹介というのは、「お客様が、次のお客様を連れてきてくださる」ということです。お客様は、売手の言葉よりも、同じ立場のお客様の言葉をより信じます。したがって、成約率も段違いに高くなりますし、結果、営業時間も大きく短縮できることになります。

私の生命保険を長年担当してくださっている方の名刺には、MDRT（Million Dollar Round Table）という、世界中の生命保険・金融サービス専門職においてトップクラスのメンバーで構成される組織の会員の印がずっと光り輝いています。この組織の会員には、だれでもなれるわけではありません。MDRTに認定されるためには、ざっくばらんに言えば、毎年1000万円以上の保険手数料を稼ぐ必要があります。そして、その印がずっと名刺に輝いているということは……瞬間風速ではなく、ずっと続けているということになります。

「毎年MDRTに認定されるなんて……毎日営業が大変ですね」

私はそう尋ねたことがあります。すると、この生命保険と金融のトップ中のトップの方は、笑ってこう答えられたのです。

「まったく大変ではないですよ！」
「じつは私、みなさんが想像なさるような、いわゆる営業活動をしていないのです」
「ありがたいことに、お客様が次のお客様をどんどん紹介してくださるからです」

そしてさらに、こう続けました。

「MDRTの会員の方は、おそらくみなさん、同じだと思います」

よく考えれば、私がその方に会ったのも、たしかにある方からの紹介でした。そして私たち夫婦も、喜んでこの方を友人の夫婦に紹介していたのです。

独立するのなら、そしてその「得意」と「好き」の時間を最大化したいなら、「営業時間ゼロ」をぜひ目指しましょう。

信頼＝アウトプットの実績×人としてのありかた

では、何があったら、リピートや紹介が実現するのでしょうか。

スキルや能力、経験や知識、あるいは最新鋭の機器やノウハウなのでしょうか？

それらももちろん1つの要素ではありますが、リピートと紹介に絶対に必要なものをつきつめれば、「信頼」である、と強く信じています。

逆から見れば、このことは自明の理です。お客様は、「信頼できない!」という経験をしたあとに、リピートなど絶対にしません。また、信頼できない人やモノやサービスを、大切な友人や知人に紹介など絶対にしないのです。

そしてこの「信頼」は、なにも営業だけでなく、会社員も独立もなく、すべての仕事時間を最小化する決め手でもあるのです。信頼されていれば、「私にお任せください!」のひと言で、相手は「YES!」と言ってくれます。つまり、信頼されていれば、「パワーポイントの提案資料を書く時間」も、「1時間のプレゼン時間」も不要になります。

会社員でも独立でも信頼は本質的には同じですが、1つ、大きな違いがあります。会社員には、本人だけでなく、その人が所属している「会社」の信頼もプラスされます。ですから、会社の信頼が厚ければ、1回くらい打ち合わせに遅刻してもお小言を言われるくらいで済みますし、うっかり支払期日を過ぎてしまっても「では入金しておいてください」で許されます。しかし、独立の信頼は、丸裸の自分、ただ1つです。打ち合わせに遅刻したらその場で出入り禁止になり、支払いを怠ったら即刻取引停止になるかもしれません。

もし独立の信頼を数式で表すとしたら、次のようになると私は考えます。

アウトプットの実績×人としてのありかた

ここに2人の外科医がいます。1人は、手術の腕前はピカイチです。さまざまな難易度の高い手術を成功してきた実績があります。しかし、遅刻が多く、人の好き嫌いが激しく、気分が乗らないと怒鳴ったり、途中で帰ったりします。もう1人の外科医は、温厚な性格で、時間厳守で、無私の姿勢で、お金があってもなくても、分け隔てなく診察してくれるという評判です。しかし、外科手術の実績がまったくありません。

さて、自分の大切な息子や娘に手術が必要になったら、あなたはどちらのお医者さんに託しますか？　おそらく、「どちらも嫌」ではないでしょうか。

特に「人としてのありかた」を原因にした信頼の欠如の場合は、ほかのもの、つまりスキルや知識やテクニックやロジックやお金では、決してカバーできません。

また、人事部教育担当だった時に、こんなことがありました。繁忙期で23時くらいまで残業していたら、1通の新着メールが来ました。「こんな時間に何だろう？」と思い、見てみると、ある研修会社さんからの「生産性向上研修のご案内！」というものでした。

「んん？　23時に社員がメールを送る会社の生産性は？」

その会社の「生産性向上研修」は、はたして信頼できるのでしょうか？　かなりのブラックジョークですよね。ジョークですめばいいですが、あるマナー研修の講師が、ペットボトルの飲料をそのまま机に残して帰られてしまい、そのことで次年度の研修はなくなった、ということを実際に聞いたことがあります。

言っていることと、やっていることが一致しているか？
お客様に提供しているサービスを、自分でもちゃんと体現しているか？

これも、とても大事な信頼のポイントです。特に私のような研修講師にとっては、ここは信頼の1丁目1番地です。「7つの行動原則」をすすめるのであれば、だれよりも私自身が「7つの行動原則」を日々実践していなければならないのです。

「1年後までにうまくなればいい」では即退場

会社員と独立とで変わる、時間に対するスタンスがもう1つあります。それは、「長期戦なのか、短期決戦なのか」という違いです。

会社員は、終身雇用が崩れかけているとはいえ、まだまだ60歳の定年までをその会社で過ごすことを視野に入れている人がほとんどです。そして会社側も、社員を長い目で見てくれます。「新人が初日からバリバリ活躍する」なんてことは、はなから期待していません。「40年かけて、投資をペイできればいい」と考えているのです。

では、独立した人と仕事をするお客様は、どう考えているでしょうか？　ラーメン屋さんに、エステティシャンに、ITのシステムエンジニアに、カウンセラーに、そして研修講師にお客様が期待しているのは、「いま・ここ」の具体的な成果、メリットだけです。「この人とは長い付き合いになるから、最初の1年くらいは、システムに不具合があっても目をつぶってあげよう」なんて考えて、独立したシステムエンジニアとつきあってくれるお客様など、この世に存在しません。

ですから、独立に求められるのは、独立した初日から、「その道のプロである」ということです。そして、いつでも、どこでも、「いま・ここのプロ」であり続けることです。2章でもお伝えしましたが、初戦にゴールを決めなければ、次にはもうパスが回ってこないのがプロのサッカーの世界です。芸能界も同じです。近藤真彦さんは「スニーカーぶる～す」、少年隊は「仮面舞踏会」、KinKi Kidsは「硝子の少年」、KAT-TUNは「Real Face」、そして今のところはKing&Princeも「シンデレラガール」と、デビュー曲が一番多く売れたケースがとても多いです。これは、おそらく偶然ではないはずです。「デビュー曲が売れなければ次なんかない」ということを、ジャニーさんがだれもよりも深く認識していて、最高の楽曲、最高のプロモーションを用意し、「デビューした瞬間からトップアイドル」を実現させ続けたのです。独立で成功したいなら、初日から成功し、その後も成功し続けることです。

「そんな夢みたいなことを……」と思うかもしれませんが、ご安心ください。会社員は、自分に合ってないことも、未知なことも、与えられたことはなんでもやらなければなりませんから、すべてに成功するのはほぼムリです。しかし、独立は違います。苦手なことなど、もうやらなくて結構です。自分が好きで得意で、成功できることだけにフォーカスしてください。ですから、独立すると、失敗などほとんどしません。というか、したくてもできなくなるのです。

では、独立の成功とは何でしょうか？　それは、「お客様が勝つこと」です。

「この人に仕事をお願いすると自分が勝てる！」

そうなるから、お客様はまた勝ちたくなってリピートします。また、この人を紹介すると、紹介された人も勝てて喜び、紹介者も喜ばれます。こうして「お客様の勝ちの連鎖と好循環」をいかに早期に作れるかがポイントです。

独立して数年が経ったころのことです。私はそれまでの研修の仕事をいったん見直し、「7つの行動原則」というオリジナル研修一本に絞る、という決断をしました。しかし、このプログラムの実績はまだほぼゼロです。そんな時、ある研修会社さんの社長が、「堀田さん、そのプログラムで、3年目研修をやってみませんか？」と声をかけてくれました。その会社は、だれもが知っている超一流会社です。私はその会社名に一瞬ひるみましたが、「やらせてください！」と即答しました。そうなると通常、特に新規のプログラムだと、プログラムを説明した資料を作り、営業に同行してお客様に説明して、いろいろと変更の注文が入って……となります。ところがその社長は、私に「2日間の時間をいただいています。『7つの行動原則』の概要はお客様にお伝えしてあります。ですから、あとは堀田さんにお任せします」とおっしゃったのです。

私は大げさではなく、「この初戦が私と『7つの行動原則』の未来のすべてを決める」と覚悟し、すべてをかける決意をしました。その結果……この会社様の研修は10年以上リピートし、この研修会社さんとはほかの多くの企業様でも「7つの行動原則」をご一緒させていただけています。

「今日が人生最後の仕事」を毎日続ける

時間軸でいえば、独立したら、会社員時代以上に「いま」を大事にし、全集中することをおすすめします。会社員の給料には、「過去、どれだけ働いてくれたか」「将来、どれだけ成長する伸びしろがあるか」といった面も含まれることがありますが、独立したら、お客様がお金を支払う時の判断基準は「〝いま〟の仕事の価値」だけだからです。

「いまに生きる」ことの重要性は、なにも独立、そして仕事に限った話ではなく、古今東西、あらゆるところで人生の大事なテーマとして語られています。私がその重要性を肌で感じたのは、独立するはるか以前の、ストレスでダウンし、会社を休職し、そこから回復していくプロセスの中でした。ある日、同じようなメンタルの問題からすでに回復した方から、

「Be Here Now!（いま・ここにいなさい！）」

という言葉をプレゼントされたのです。

（えっ、どういうこと？　自分はいつだって、「いま・ここ」にいるけど……）

その言葉を最初に聞いたときは、正直、まったく意味がわかりませんでした。しかし、

「体だけではなく、『頭』も『心』も、『いま・ここ』にいなさい」

という意味だとわかったとき、自分がそれまでまったく「Be Here Now」でなかった

ことに気づき、愕然としたのです。

会議で部長の話を聞きながら、30分後の自分の発表のことを考えている。
X社との商談中に、ビッククライアントのY社への明日のプレゼンを考えている。
資料を書きながら、頭の中では夏休みの南の島でのバカンスを考えている。
先輩と飲みながら、「なんで大学時代にもっと勉強しなかったのか」と悔やんでいる。

…

じつは、このような「不安を先取りし、過去を悔やみながら、〝いま・ここの現実〟にきちんと向き合わない」ことの積み重ねが、自分のメンタルのバランスを徐々に崩していたのです。

そして、よくまあ、そんな失礼なことをしてきたものだと、あらためてぞっとしました。

・自分のランチを作りながら、夜のＶＩＰ客のメニューを考えている料理人
・自分の研修をしながら、翌週の講演会のことを考えている講師

・自分の外科手術をしながら、翌月の学会での発表のことを考えている医者

あなたは、このような人をどう思いますか？　また仕事を頼みたいと思いますか？
独立したプロとして生きるなら、常に「いま・ここ・この人」に全力で集中することが絶対条件になります。「いま・ここ・この人」に多少手を抜いても次の仕事があるのは、ある種、会社員だけの特権なのです。

「今日が、人生最後の研修だと思って臨む」

私が研修講師として毎朝心がけているのは、この1点です。私には年に何十回もある研修ですが、参加者にとっては、人生最初で最後の「7つの行動原則」研修です。「次があるから、いいや」「この研修は、あの仕事のためのステップ」なんていう気持ちが1ミリでも出てきたら、その時はいさぎよくマイクを置く時だと自戒しています。
「もし独立するなら、会社員時代にこういうことをやっておいたほうがいい」といったことを本書の中でもいくつか提案していますが、それは『独立のためのステップ・練習』という気持ちで、会社員の仕事に取り組む」ということでは決してありません。その点

は、ぜひ誤解しないでください。もし将来、独立を考えているのであれば、第一に、そして絶対に会社員時代に身につけておくべきなのは

『いま・ここ・目の前』の人と仕事に、常に全集中し、全力を注ぐ」

その姿勢と習慣なのです。

独立前にシミュレーションすべきは、お金よりも「1週間」

「独立する前に、どんなプランを立てたのですか?」
「独立の計画書は、何ページくらいでしたか?」

この質問もよくいただきますが、残念ながら、私の場合、独立前に、紙に書いた計画はありません。私の周囲の独立した人に聞いても、じつは「紙に書いた計画書をもって独立

した人」はほとんどいないように思います。

会社員におけるプランの用途は、「他者に説明し、納得してもらうため」がほとんどではないでしょうか？　そういう意味では、独立は自分で決めて実行するのですから、計画書はいらないのです。必要なのは、パートナーを説得する必要があるときくらいです。

計画書はなかったのですが、1つだけ、シミュレーションはしました。それは、「収支の見込み」です。ものの

図11 収支見込のシミュレーション

【売上見込み】

内　容	単価(①)	回数(②)	売上(①×②)
クリエイトJ社委託 新人研修	●●	XX	A円
クリエイトJ社委託 若手研修	▲▲	YY	B円
・	・	・	・
・	・	・	・
・	・	・	・
・	・	・	
合　計			○○○○円(③)

【経費見込み】

内　容	金額	備　考
パソコン代	C円	新規購入
交通費	D円	2500円／出講1回　で算出
打ち合わせ食事代	E円	ランチ○回　想定
・	・	
・	・	
合　計	△△△円(④)	

【収入見込み】

売上見込み(③)	経費見込み(④)	収入見込み(③−④)
○○○○円	△△△円	◎◎◎◎◎円

すごくシンプルに、「単価×数量－経費＝収入」で、初年度と、軌道に乗った2年目までをシミュレートしておいたのです。研修講師ですから、まず売上は、単価●●円の研修がXX日、単価▲▲円の研修がYY日、と計算し、そこから想定する経費をパソコン代、交通費、打ち合わせ食事代、スーツ代、とざっくり足しあげて引くだけです。

これだけですから、エクセルのワンシートだけだったと記憶しています。ちなみに結果ですが、初年度、2年目ともに、現実の金額も、特に売上はほとんどシミュレーションどおりになって、自分でも驚いたのを覚えています。

これから独立する方にぜひおすすめしたいシミュレーションがもう1つあります。そのシミュレーションとは、

「独立したら、どんな1週間になるのか？」

です。私はこれをあまりしなかったので、独立した後になって、やれ「会議がなくなった！」「メールが減った！」と驚くことになってしまったのです。

たとえばどんなシミュレーションになるか、私の15年前のケースでやってみましょう。業務委託の外部講師だと、単価がそれほど高くないですし、とにかくデビューしてしばら

くは場数をできるだけ多く踏みたいと考えていたので「年に150日は登壇したい」と考えていました。ですから、逆算すると月に12～13日、週に3日くらい「研修」をすることになります。

余裕をもって朝5時半くらいに起き、8時過ぎには会場に着き、9時から17時半までは研修に全力投球し、終わったらまっすぐ帰宅します。そんな日が、週の3日です。その3日間は、メールをすることも、電話をすることも、資料をつくることもしないし、できません。

では、週の残りの4日はどのようになるでしょうか？　おそらく1日くらいは、研修会社さんとの打ち合わせや、お客様との顔合わせなどで、外に出て、人に会うことになるのでしょう。では、残りの3日は……はい、基本的には、だれにも会わず、じっと家（オフィス）にいます。電話はあって1日1本、メールも2～3本です。何をやるか、まさに自由です。私は、その時間を1人での研修プログラムの作成や、執筆、そして体力づくりのジョギングにあてることになります。

……実際にこんな1週間になるのですが、あなたはそんな1週間が続くのを満足できますか？

私は……「大満足！」でした。朝から晩まで100％気が抜けない日が3日と、集中して打ち合わせをする日が1日、あとは基本だれとも会わない3日間、というのは、私にとって、まさに理想の暮らし方なのです（実際は2日間で1コースの研修を実施しているので、「週4日は研修」「週2日は研修」「この週は研修なし」の3つの組み合わせになっています）。

このように1週間をシミュレートしてみて、もしメンタル的に「これはきついなぁ」「自分には合わないなぁ」「孤独で無理だなぁ」などと正直感じるなら、私はどんなに金銭的に満足でも、独立はしないほうがいいと思います。独立は「どうするか＝Ｄｏ」が大事ですが、「どうあるか＝Ｂｅ」も負けないくらい重要なのです。

せっかくリスクをとって独立するのですから、逆に、「どんな1週間にしたいのか?」から発想をスタートさせ、独立ビジネスをデザインしてもおもしろいかもしれません。そのほうが、きっと後悔することも少なくなると考えます。

「タレント時間」が80％、「マネージャー時間」が20％

「週に1日は休む、それがムリなら『午前中は映画を見る』でもいいから、ある種強制的に休む癖をつけたほうがいいぞ」

独立のご挨拶に伺った時の、すでに独立していた元上司のアドバイスです。

正直、その時はピンときませんでした。むしろ、逆ではないかと思ったくらいです。「独立したら、上司の目もないので休み放題！ 気をつけないと、仕事をせず毎日のんびりしてしまうのでは」などとぼんやりと思っていたのです。

しかし実際に独立したら、のんびりなどとてもできません。元来打たれ弱くて不安症ですから、頭の中は常に仕事、仕事、仕事、です。では、仕事が順調に回りだし、不安が薄らいできたら休めるのかというと、今度は仕事がおもしろくてたまりません。ですから、ますます仕事、仕事、となってしまい。せっかく家族で南の島に行っても、手帳とずっとにらめっこしたり、パソコンをやおら開いて本を書きだしたり……といった具合でした。

会社員の場合は、会社と取り決めた残業時間を超えて働くと、本人ではなく、その人のマネージャーの責任になるので、マネージャーも目を光らせていてくれます。逆にのんびりしすぎていたら、これまたマネージャーが指導してくれます。しかし独立すると、マネージャーはどこにもいなくなります。365日、1日24時間を何に使うかは、全部自分で決め、その責任も自分で取らなければいけません。

というこどもあり、私はオンとオフの切り替え以前に、「タレントの時間」と「マネージャーの時間」を自分の中で意識的に切り替えるようにしています。自分の中に、山Pだけでなく、ジャニーさんも登場させるのです。

「研修に登壇する」「執筆する」といった場面は、タレント時間なので、タレントとしてそのパフォーマンスに集中します。ただそれだけではなく、必ず「タレント堀田をどのようにマネジメントしたらいいか」を考える「マネージャー時間」をつくるのです。

具体的には、日曜の夜に、翌週1週間の計画を立てることを、会社員の時から20年以上ルーティンにしています。会社員時代は、どちらかといえば「やるべきこと」「タスク」の管理をしていた感が強かったですが、独立した今は「この1週間、堀田をどのように活躍させるべきか」という視点に変わってきています。「研修で高いパフォーマンスを発揮し続けるためには、ここで思いきって休みをとるべきだ」などと、マネージャー視点で、自分の最適なスケジュールを考え、決めていきます。

会社の経理や総務を担当してくれている妻とのビジネスランチも、マネージャー時間としてとても大切にしています。この場では、近々の出来事を共有するだけでなく、中長期的な視点で「タレント堀田をどう育てていけばいいか」「堀田はどんな方向に進むべきか」

をざっくばらんに意見交換し、対話の中で、より俯瞰してつかむようにしています。

さらに「マネージャー時間」を意識する場面があります。それは、「営業」の場面です。独立して一番戸惑ったのは、「自分に価格をつけ、それを相手に伝える」ことでした。想像していただくとわかると思いますが、タレント本人が「私のギャラはいくらになります」などとテレビ局に直接言うよりも、やはりマネージャーが「木村拓哉ですから、これでお願いします」と言うほうが、はるかに伝えやすいのです。

ということで、特に気心の知れた研修会社さんとの打ち合わせの時などは、「今日は講師堀田の『マネージャー堀田』という立場できました」とあらかじめ明言したりします。そして、「堀田ですよ！　その条件では難しいですね！」などと、ジャニーさんになった気分で、タレント本人では言いにくいことを、ユーモアも交えて伝えています。そして、大きなチャレンジが必要な時は「YOU、やっちゃいなよ！」と、自分で自分の背中を押すのです。

試行錯誤の最中ですが、今のところは、タレント時間が80％で、マネージャー時間が20％、くらいがベストバランスだと感じています。

時は金にあらず

「時間は大切だ」と、みなさん口をそろえて言います。では、「なぜ時間は大事なのか」を、新入社員が納得するように教えられますか？

この質問を研修の中でですると、やはりナンバーワンの答えが「時は金なり！」です。本当でしょうか？　時間はお金と同列の、そんなに安いものなのでしょうか？

ここに、「お金泥棒」「モノ泥棒」「時間泥棒」の3人の泥棒がいます。一番罪が重いのはだれだと思いますか？　私は、圧倒的に「時間泥棒」だと断じます。なぜかというと、お金やモノは、盗んでも、返すことができるからです。1億円盗んでも、1億2千万円にして返したら、相手は許してくれるかもしれません。では、人から盗んだ時間を、返すことができますか？　相手の時間を2時間、無駄にしてしまいました。相手から「お金もモノもいりません。2時間を返してください！」と言われて、本当に同じ「時間」を返すことができるでしょうか？　時間は有限であり、不可逆的なものなのです。1年は8760時間です。もし100歳まで生きたとしても、人生は87万6千時間しかありません。私はもう50歳を過ぎているので、残りの時間は、MAXで40万時間強です。今後私がどんなにお金を稼いで資産を築いても、そのお金をもってしても、この人生の「残りの時間」を買い足すことはできないのです。そしてこの本を書いている、今この瞬間にも、時間は無常にも過ぎ去っていきます。ビル・ゲイツさんでも、だれでも、自分の残りの人生の時間だけは、買い足すことはできません。ですから、「時は金なり」ではなく、「時は金以上」なのです。

逆に言えば、お金で時間を買えるなら、ビジネスでは喜んで買う決断をすることがあります。わかりやすい例が、M&A（企業の吸収合併）です。もちろん、自社にはない「強み」が欲しくて、ということもありますが、M&Aの本質は「ゼロからそのビジネスを立ち上げてここまで成熟させる時間を買う」ことにあります。これは、発注側から見た、独立した人も同じです。自社で人を育てる時間がないとき、今すぐそのスキルが欲しいとき、企業は、独立していてすぐできる人に発注するのです。

時間のこの本質は、会社員であろうが独立であろうが、等しく同じです。

では、同じように時間を大切にできたかというと、私はまったく違いました。「時間を大切にする」という点では、経験上、私は会社員のほうが独立よりも圧倒的に難易度が高いと考えます。その理由は、大きく3点です。

①自分の時間の使い方を、自分ですべて決めることができない
②「仕事の時間」と「休日」が明確に分けられていて、柔軟に運用できない
③1年間にもらえるお金がすでに決まってしまっている

まず、会社員には上司がいます。本人が望まない異動もあります。もちろん、上司の指示を受けても「断る」選択もありますが、やはりすべてを自由自在に決められる独立に比べると制約が大きくなります。

そして、「仕事時間」と「休日」が枠として決まってしまっているので、柔軟な選択がなかなかできません。たとえば、思ったより早く仕事が片づいたからといって、15時28分に「仕事を終えます!」とは言えません。用もないのに、なんとなく17時まで時間をつぶしたりします。逆に、日曜の13時に急にアイデアを思いついても、そこから自由に仕事ができないのです。

また、1年でもらえるお金が決まっていることが、無意識のうちに時間への意識を薄めていきます。最終的にもらえるお金が同じなのであれば、1年の、1か月の、1日の仕事の密度を真剣に高めようとは思わなくなってしまうかもしれません。

独立には、このような制約がありません。「時間に対して真に自由になれたこと」これが独立の一番のメリットです。

「時間を自分の味方につけるには、ある程度自分の意志で時間をコントロールできるようにならなくてはならない」

村上春樹さんのこの言葉に、独立した今は100%同意する日々を過ごしています。

COLUMN

会社員と独立、どっちが忙しい？

独立の相談でよく聞かれる質問の1つに、「会社員時代と独立した今と、どちらが忙しいですか？」というものがあります。その質問に対する私の答えは、「圧倒的に会社員時代です」になります。

もしその感覚を数値化するとすれば、会社員時代は、今の5倍は忙しかったと思います。何が違うかといえば、まずは「メール」です。独立した今は、これを言うとみな驚くのですが、1日に多くて4、5通で、「仕事のメールはゼロ」という日もよくあります。そして、「会議と打ち合わせ」が消滅しました。会社員の最後は課長として広告部にいたのですが、たしか30分刻みで、毎日10本くらいの打ち合わせや会議に出席していましたが、独立した今はほとんどありません。そして、コロナ禍になる前からですが、「飲み会」も激減しました。「研修の後はきっと疲れているだろう」と、みなさん遠慮してくださっているのかもしれません。

いろいろありますが、「社内のための仕事がなくなった」ということに尽きると思います。「調整」「報連相」「共有」「人間関係のメンテナンス」……このような、組織を維持するための、「内」や「横」や「上」や「下」を向いた業務は独立した今、存在しないからです。

ただ、頭の中で仕事を考えている時間は、独立した今のほうが圧倒的に多いと思います。ジョギングしていても、私のもう1つの拠点である八ケ岳の原村を散歩していても、たまにテレビでお笑い番組を見ていても、私の頭の中にあるのは、基本「仕事のこと」です。ただ、それはマイナスの意味ではありません。「どうやったら研修がもっと良くなるか」「次にどんな本を書くか」ということを考えているのは、「ディズニーランドで遊ぶこと」を考えるより、私にとっては圧倒的に楽しい、プライムな時間だからです。

「いつでも、どこでも、好きな仕事ができる」

これが、独立の真の幸せです。

「忙しい」という字を分解すると、「心が亡ぶ」となります。会社員時代は、本当に心が亡んでしまって、休職までした私ですが、独立した今は、どんなに仕事のことを考え続けていても、そんな兆候は今のところありません。

CHAPTER5

人づきあいで、成功が見える

独立したら、会社員のように、毎日同じ職場に行って、多くの人間関係の中に自分の身を置き続けなければならない、ということからはたしかに解放されます。では、独立したら人間関係のすべてが楽になるかというと、そんなことはありません。

「わからないことがあったら、すぐ隣の人に聞く」
「困ったことがあったら、上司に相談する」
「法律のことは、法務部に聞く」

そんな、それまでは無償であたりまえのように提供されていた人的リソースは、独立したとたん、一気に消滅してしまうのです。

仕事という競技が自分1人では決してできない団体種目である以上、会社員であっても、独立であっても、人間関係が重要であることに変わりはありません。そして、ある程度を会社から与えられる会社員と違って、独立したら、その重要な人間関係を自分でゼロから創り上げる必要があります。独立したからこそ、人間関係の真価が問われてくるのです。

同業者がみんな敵に見える

自分自身では気づけなかったですが、独立した時の自分は、とにかく肩に力が入り、視野も狭くなり、毎日ピリピリしていました。その最大の原因は、なんといっても「収入の見込みがないこと」です。退職金を中心としたわずかな貯金がみるみる減っていく現実が、知らぬ間に、私をそのような状態に追い込んでいたのです。

そんな中、幸運なことに、ある研修会社さんと外部講師としての業務委託契約が早々にまとまります。しかし、ホッとしたのもつかの間、その会社の「研修プログラム勉強会」に出向くと、そこには、私と同じ立場の「新人外部講師」が20人以上いたのです。

(こんなにもたくさんのライバルがいるのか！)
(この中で勝ち抜かないと、実際に研修は回ってこないのか！)

瞬時にそう思った私は、ほかの講師に勝つべく、さらに肩に力を入れ、勉強会に集中しました。〃できる自分〃をアピールするかのように、キレの良い質問を繰り出し、時には、ほかの講師の意見にビシッと反論もしました。……これまた自分では気づけなかったのですが、どうやら、まわりから見ると、それくらい私はピリついていたようなのです。

数回目の勉強会の終了後に、帰り道が同じ方向だった女性の講師に、お茶に誘われました。「ライバルがなぜ？ さては敵情視察か？」とさらにガードを固くした私に、笑いながら、しかしはっきりと私の目を見て、その女性講師はおっしゃったのです。

「堀田さんにとっては、私たちが『敵』なのですか？ 私は、堀田さんを、同じ研修会社で、お客様に一丸となっていい仕事をしていく『仲間』だと思っていますよ！」

それを聞いた私は、目を見ることができずに、下を向いてしまいました。そして、不覚にも目じりが熱くなるのを感じました。

大学には定員があります。会社の役職ポストには数に限りがあります。ですから、受験勉強や会社員の出世競争は、そういう側面では限られたパイを取り合うゼロサムゲームであり、友人も同期も「敵」という現実がたしかにあるのかもしれません。

では、独立の世界も、そのような「椅子取りゲーム」なのでしょうか？ もちろん、外部講師同士で研修の案件を取り合う、という場面も実際にあるかもしれません。しかし、この女性講師が言うように、みんなでいい研修をしていけば、研修の案件をどんどん増やして、パイを拡大して、結果としてみんなで幸せになることは可能なのです。

自分の失敗もふまえて、「独立した者」としての人間関係を考えていくうえでは、次のどちらのスタートラインに立つかが、大きなターニングポイントになります。

・パイは限られていて、奪い合いであり、結果、自分以外の人は敵である
・パイは拡大でき、それは人との協力によって成しえて、結果、みな仲間である

たとえば大手企業の「マヨネーズ」のように、すでに全家庭にいきわたっている場合には、競合との「シェアの奪い合い」が大事な要素になるかもしれません。しかし、独立した人1人分の仕事くらいは、だれかから奪わなくても、新たに創れるものだと今は実感しています。

そして、私が勘違いしていただけで、本質的にはマヨネーズも会社員も、そもそもゼロサムゲームなどではないのです。たしかにマヨネーズは、キューピーさんが1社しかないところに味の素さんが参入して、それまでなかった熾烈な競合が発生しました。しかしそ

の結果、マヨネーズ市場全体が、参入前とは比べられないほど大きな市場に急成長したのです。会社員だって、お客様に価値をどんどん与えていけば、会社は大きくなり、ポストを増やすことは十分に可能です。もしポストが増えないのであれば、その中で自分の仕事力を伸ばし、独立して自分にピッタリのポストを作ればいいのです。

仲間との切磋琢磨の中でＮｏ・１を目指すのと、敵だらけの中の孤立したトップになるのとは、まったく違います。せっかく独立するなら、敵を倒しまくるのではなく、どこにも敵のいない「無敵の仕事人」を目指しましょう。「お客様も味方、同業者も味方、参加者も味方」という「無敵」の状態こそが、独立の最大のハピネスになるのです。

「もらえる人」にばかり会いたがる

どうせ恥をかくついでですから、私の失敗体験をもう１つ紹介します。

独立したばかりのころの私の頭の中は、

「お金が欲しい!」「仕事が欲しい!」

となり、さらに不安で自信がないものですから

「褒めてほしい!」「承認してほしい!」

と「もらいたいモード」一色になり、自分に与えてくれそうな人ばかりと会おうとしてしまいました。具体的には、同業者が食事時に交わしている「あの研修会社さんは、フィーが高いらしいぞ」「この夏は、就職支援関係で、国が大きなお金を出すらしいぞ」などといった、いわゆる「おいしそうな話」に耳をそばだて、あわよくば紹介してもらおう、などとソワソワし、物欲しげな顔をしていたのです。また、研修後は、「さすが、いい研修でした!」「堀田先生、最高ですね!」といった声を常にどこかで期待していて、アンケートでばっちりの評価が出ているのに、なかなか関係者がそういった声をかけてくれない現実に、どこかで物足りなさと寂しさといらだちを感じていました。

もうおわかりだと思いますが、それでは本末転倒ですよね。

「仕事」とは、そもそもなんでしょうか? そうです。「価値を与えること」です。です

から、「どこに行ったらもらえるか」「だれが自分に与えてくれるか」というベクトルではなく、

「どこに行ったら、自分は与えられるのか」

「自分がもっとも与えられる人はだれか」


というベクトルで人と関わるべきなのです。

逆に言えば、自分が何を与えようとしているのかをクリアにして、具体的な形にして、機会があればそれを周囲の人に発信していくことが大事です。

独立を決意し、「こんなことを人に伝えていきたい」と社外の友人に発信し始めたころの話です。1人の友人が、「では、それをプレゼンする場所を用意するよ」といって、さまざまな企業の人財育成の関係者が集まる勉強会で、2時間プレゼンする機会をプレゼントしてくれました。プロの講師として15年経った今の私から見れば、顔が赤くなるような拙い中身でしたが、情熱と志のみ120%で話しきった後、「こんなことを世の中に伝えていきたいと考えています。本にもしたいと考えています!」と言って、そのプレゼンを締めました。

その後の懇親会の時、1人の方が私に歩み寄り、初対面の私に「今度、私が出版する本の件で、ある出版社さんの社長と会うのですが、一緒に来ますか?」と言ってきました。そして私は……その出版社さんから、記念すべき1冊目の本を出版することになるのです!

「独立の原点」であるそのことを思い出した私は、まずは目の前の1つずつの研修の場で、その参加者に、与えまくることにだけ集中しました。そして、研修という手段の中で人生をかけて伝えたいことを、「7つの行動原則」という具体的なコンテンツにまとめあげ、機会があれば、それを出会う人に伝え続けました。そうすると、「そのプログラムをやりたいなら、あの研修会社さんがいいよ」などと紹介してくれる人が現れ、ありがたいことに、次々と今日につながる縁を紡いでいただくことになったのです。

苦しくて、ピンチの時ほど、「与えること」にフォーカスしましょう。

独立して一番寂しくて不安になるのは、忙しくない時、つまり仕事がないときです。すると人間は弱いですから、その不安を解消するために、人と会ったり、セミナーに参加したりと、「もらえる」人や場にいきたくなります。もちろん、私もそのすべてを否定するつもりはないですが、そういう時ほど

「自分は、何を与えたいのか」
「だれが一番喜んでくれるのか」
「その人には、どこに行けば会えるのか」

を考え、実践することをおすすめします。

「上司の許可やお墨付きをもらおう」という発想自体が会社員そのものでアウト

「人間関係という点で、会社員と独立とでは、何が一番変わりますか?」

こう聞かれた時、私はこのように答えています。

「いい意味でも悪い意味でも、『上司』がいなくなることです」

いい意味のほうは、ご説明するまでもないでしょう。独立すれば、上司に無理な仕事を振られることはなくなるし、自分の「白」を曲げて上司の「黒」を受け入れる、なんていうこともありません。顔色をうかがうことも、機嫌をとることも、不要です。

では、悪い意味では、というのはどういうことでしょうか。逆に言えば、独立したら、困ったときに相談できる人もいませんし、自分がわからない経験や知識をタダで授けてくれる人もいなくなります。そして、「許可」もいらなくなったかわりに、だれも「判断」をしてくれませんし、「お墨付き」も与えてくれません。どんな失敗やトラブルが起きても、だれかがかばってくれたり、責任をとったりはしてくれないのです。

（もし独立できるのであれば、思いきって独立しよう！）

そういう気持ちが芽生えてきた会社員の私は、先に会社を辞め、独立して活躍しているかつての上司に相談しに行きました。そして、率直に「先輩から見て、私は独立したら成功できる男に見えますでしょうか？」と尋ねました。すると、その元上司は、笑いながら言いました。

「成功できるか、『お墨付きを上司にもらおう』というその思考自体が、まんま会社員だよね。決断して保証できる人なんて、君以外にはだれもいないよ」

その時は、正直「なんて冷たい人だ!」と思ったものです。しかし、独立した今は、「独立する私への、最高のはなむけのメッセージだった」と感謝しています。

もちろん、独立したからといって「だれにも相談できなくなる」なんていうことはありません。むしろ、重要な岐路に立った時は、会社員以上にいろいろな人に相談すべきだと思いますし、私も実際にそうしています。しかし、最終的に決めるのは、選ぶのは、「自分」です。そして、どんな結果が出たとしても、独立したからには、その責任を取れるのは自分、ただ1人なのです。

自分の強みを知る、もっともかんたんな方法とは

「会社員でいくべきか、思いきって独立すべきなのか」

「どうやったら、何をやったら、みんなが勝てて、喜んでくれるのか」
「独立した自分の『強み』とは、いったいなんなのか？」

このような問いに、もちろん勉強のような「正解」はありません。そして、上司といった自分以外のだれかが決めてくれたり、責任をとってくれたりする世界でもなくなったら、すべて自分で決めなければならなくなります。

だからといって、すべて自分1人で抱え込み、だれもいない部屋で、1人静かに決断する、というのも、それはそれで違います。「独立」と「孤立」は違うのです。独立したからといって、だれにも相談してはいけなくなったわけではありません。

では、上司がいなくなったら、だれに相談したらいいのでしょうか？
ロールモデルとしている師匠でしょうか？
それとも、同業のライバルでしょうか？

もちろん、そのような人たちでもいいですが、私がもっともおすすめする相談相手は、じつは「お客様」です。

ラーメン屋さんは、毎日自分のラーメンを作っているので、じつは世の中のほかのラーメンを食べることができるのはせいぜい休日だけです。逆にお客様は、特にラーメン好きの人は、毎日のようにいろいろなお店でラーメンを食べています。ですから、ラーメンをより客観的にほかと比較評価できるのは、店主のあなたでもなく、出入りの問屋さんの担当者でもなく、お客様なのです。

プロの研修講師として軌道に乗ってきた3年目くらいの時に、新たに一緒にお仕事をするようになり、私の研修を何回かオブザーブしてくれた研修会社さんの女性の役員の方に、

「研修講師としての〝私の強み〟は、どこにあると思われますか?」

と直球で尋ねたことがあります。私がどこかで期待していたのは、「コンテンツが、とても体系化されていること」「話がわかりやすいだけでなく、現場感と臨場感があり、参加者の心を揺さぶること」といった答えでした。しかし、少しの間をおいて発せられたのは……

「堀田さんの講師としての強みは……手足が長いことです！」

というコトバだったのです。

その言葉を聞いた瞬間は、何のことかわからずに、ポカンとしてしまいました。そしてしばらくすると、自分の中に、軽い怒りのようなものが湧いてきました。

（真剣に質問したのに、冗談で返すなんて……）

しかし、その役員を見てみると、ふざけたり、バカにしたりしているような雰囲気は少しもありません。気をとりなおして、「そのココロは？」もう一歩聞いてみると……

「コンテンツの良さ、講師としてのスキルの高さ、といった強みも、もちろん前提として感じています」

「でも、この前、後ろの席からオブザーブしていて、堀田さんの一番の強みは、手足が長いことだと、真剣に思ったのです」

「堀田さんの研修に参加されるのは、入社3年目といった若手の方がほとんどです。そして、女性の方も多いです。スタイルを含め、『この人の話は聞いてみたい』『こういう人になりたい』とまず感覚で思ってもらえるかどうかは、理屈ではなく、人間である以上、とても大事なのです」

「そして、手足が長い講師って、意外といるようでいないんですよ」

そう説明してくれたのです。

それ以来、手足が長いことは、私の講師としての大切な強みにカウントされています。そして、このことに懲りるどころか、聴けるお客様には、私の研修と私のいったい何が良いのか、チャンスがあるたびに、定期的に伺うようにしています。

自分のことで迷ったら、思いきってお客様に聞いてみましょう。そして、どんな不本意なことを言われても、いったんは受け入れるのです。なぜなら、お客様の目に映っているその姿こそが、リアルな、自分の、1つの真実だからです。

自分の強みや適性を、自分1人で決めるのは危険です。強みとか弱みというのは、絶対的なものでなく、相対的なものであり、ある種のポジショニングの問題だからです。そして、相対的な評価とポジショニングをだれよりも冷静に見定めているのは、ほかでもない、お客様なのです。

「どうやっても勝てない人」に出会っておく

なかなか独立に踏み切れない人、独立しても軌道にうまく乗らない人がいます。そして、そのような人の多くは、私から見ると仕事はちゃんとできて、能力面ではまったく問題ないように見えます。「では、なぜなのだろうか？」とずっと疑問に思っていました。

最近になって、そのような人の正体がやっと見えてきました。その正体とは……「自分は、なんだって、やろうと思ったらできる」と思っている人、です。

自分はなんでもできる
↓何をやったらいいかが漠然としていて、具体化できていない
↓だから独立に踏み切れない
↓独立したとしても、「具体的に値札のついた形」がなかなかつくれない
↓でも、自分はやろうと思えばなんだってできる
…

そんなループにどっぷりとはまってしまっている人を何人も見てきました。

もちろん、大谷翔平さんのように、ビジネス界にも「なんでもできる」人は実際にいるのかもしれません。しかし、プロとして生きていく以上は、大谷さんのように、本当に「どれをとっても1流」でなければなりません。


「自分は、なんだって、やろうと思ったらできる」


この思考のもっとも危ない点は、「やったら実際にできた」ではなく、「やろうと思ったらできる」という、あくまでも仮定の、想像の、厳しく言えば「妄想」の話になってしまっていることです。

ですから、もし将来的に独立を考えているのであれば、会社員時代に、与えられた仕事で、とことん1番を目指してみて、実際になれるのかを確認しておくことを強力におすすめします。「自分だって、やろうと思ったら、なんでもできるよ!」という声は、悪魔のささやき、独立の最大の敵です。

私が会社員時代を過ごした会社にもっとも感謝しているのは、「自分ではどうしても勝てない」人にたくさん出会えたことです。私は、営業も必死でやりました。しかし、やればやるほど、上には上がいることが見えてきたのです。「では、学生時代から希望していたマーケティングで勝負！」となったのですが、またまた、自分には歯が立たないほど優秀な人が、会社の中だけでもたくさんいることを身に染みて実感することになります。

ですから私は、研修講師として独立することに1ミリも迷いはなかったのです。

「営業にもマーケティングにもどうしても勝てない人がたくさんいるけど、その人たちと『研修講師』で勝負をしたら、自分のほうが勝てる。自分にはこれしかない」

そう腹落ちしていたからです。

独立を考えているなら、会社員時代に「どうやっても勝てない人」に出会っておきましょう。そして、何だったらその人たちにも本当に自分は勝てるのか、想像の世界で終わらせるのではなく、体感しておくのです。

与えられた目の前の業務がなんであれ、よく探せば、そこにも「資料作成」「交渉」「チームのモチベーションアップ」「会議でのプレゼンテーション」「問題解決」「効率化」などの仕事は必ずあるはずです。それらのジャンルで本気で1番を目指し、実際になれるかを確認してから独立しましょう。

営業が苦手な僕がとった作戦「エージェントに任せる」

独立の成功パターンは、「得意」と「好き」と「貢献」の接点を具体的に見つけ、それをつなげること、です。ただ、その接点をつなぐためには、自分が好きで得意ではないことも必要になってきます。

たとえば、「研修講師」が私の得意で好きなことです。そしてお客様も「質の高い研修」をのぞんでいて、私は十分そこに貢献できます。ただ、この両者をつなぐには、「営業」という別の仕事が必要になってくるのです。

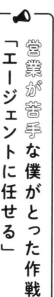

私は、はっきりいって、営業は好きではありません。実際にやっていたので「できない！」というわけではないですが、はい、正直いって、プロの人からみればツッコミどころ満載のレベルだと思います。

では、どうしたらいいのか……私が実際にとった作戦は、

「営業はやらない！　エージェントさんに任せる！」

でした。

企業研修を具体的に実現するためには、前にも述べたように、大きく分けて3つの機能が必要になります。

①研修プログラム
②研修講師
③営業

独立した当初は、②の講師業務だけを業務委託で担うことからスタートしました。つまり、プログラムも営業も、研修会社さんにお任せしたのです。そして、「7つの行動原則」という研修プログラムを自前で開発した後は、①②は自前でやり、③の営業をエージェントさんにお任せしました。

当然、3つ全部を自分でやったほうが、収入は高くなります。でも冷静に考えると、営業を自分でやると、当然のことながら、今度は本来講師として研修に立てる日数が減ってしまうのです。

「では、どちらの日数が多いほうが、自分は幸せなのか？」

この問いに対する私の答えは、迷うことなく「講師の日が多いほうが幸せ」でした。私の立場から言わせていただくと、「営業のプロ」という独立の生き方は、今後も十分に「アリ」なのではと考えます。なぜかというと、「お客様との接点づくり」に困っているケースが、私以外にもたくさんあるからです。

私の、独立後の人間関係のイメージは、「日本代表のサッカー」です。代表戦（案件）があると、フォワード（講師陣）の中で、その試合（研修）にもっともふさわしいと思われた選手（講師）が招集されます。するとそこには、初対面のチームメート（人事部の方、研修会社の方など）がいて、一緒になって相手チーム（お客様＝研修参加者）と90分、真剣にゲーム（2日間の研修）をします。そして終わったら、そのチームは解散となります。クラブチームのように、ずっと同じ人間関係が続くようなことはありません。

しかし、逆に言えば、独立しても、仕事という競技がサッカーと同様に団体種目である以上、他者との関わりが必要ですし、力を借りてもいいのです。

「グラウンドの端から端まで90m、1人でドリブル突破し、シュートを決める」

もし、独立後の人間関係を、かつての私のようにこのようにイメージしているのでしたら、本当に全部を1人でやらなければいけないのか、ぜひ再考してみてください。独立しても、ほかのプロと一緒に仕事をすれば、会社員に負けないくらい大きなゲームをすることが可能なのです。

サッカーの成否は、「個人技の高さ」だけでは決まりません。選手同士のコミュニケーションがとても大事です。同じく、独立の成否も、個人のスキル、能力、知識ばかりでなく、「どんな役割分担で、どれくらいの距離感で、だれと、あるいは何人で、どんなメンバーの組み合わせで仕事をするのか」に大きく左右されるのです。

「会社員のメリット」を痛感するのは、専門知識を気軽に相談できない場面

「独立してわかった、会社員の最大のメリットはなんですか？」

その質問に対する私の答えは、「安定収入」でも「ローンを組めること」でもなく、「専門家からタダで知識をもらい、タダでその手を借りられること」になります。

私がそのことをまず痛感したのは、独立に向けて、パソコンを新調しようと思った時でした。まず、「どこの、なんというパソコンを買えばいいのか」がわかりません。もちろん、「どこで買えばいいのか」も。結果的に、どうやら講師が多く使っているらしい「レッツノート」を買うのですが、「メールアドレスってどうやって決まるのか」「どうやるとメールソフトが動くのか」と、IT音痴な私は新品のパソコンを前に途方に暮れてしまったのです。これが会社員なら、パソコンは黙っていても勝手に支給され、設定がわからない、不具合があるとなったら、隣にいる同僚に聞いてもいいですし、同僚にも手に終えなかったら、情報システム部のヘルプデスクに聞けば、タダで、丁寧に、万全のサポー

トが受けられるのです。

次に困ったのが、個人事業主としての決算でした。白色？　青色？　源泉徴収って？　領収書は一応とってありますが、いったいどこから手をつけたらいいかもわかりませんでした。「これが会社員だったら、経理部に丸投げすれば終わりなのに……」と何べん思ったかわかりません。

つまり、「プロデューサーとして独立」というのは、けっこうハードルが高いのです。まず、プロデューサーしたくても、部下もだれもいません。会社員の時は気づかない人が多いのですが、特にいわゆる大企業だと、とても優秀な部下が自分の下にたくさんついて、使い放題だったりします。そこでけっこう「自分は優秀なリーダーだ」と勘違いする人がいるのですが、独立・起業するとまったく違う状況にまず青ざめます。まず、そんな優秀な人が、そんな得体もしれない小さな会社になんか来てくれません。しかも、その人はタダではありません。その人たちの賃金は、自分が払わなければならないのです。

では、今はどうしているかというと……はい、自分でできないのですから、プロの手を借りています。経理と庶務は、ありがたいことに、妻が担ってくれています。パソコンを中心にしたＩＴ系は、ある個人のプロの方に、定期的なメンテと緊急時の対応をお願いしています。税務処理は、法人化したのを機に、税理士事務所さんに委託しています。あと、ホームページの制作とブラッシュアップは、昔から知り合いのITとデザインのプロに関わっていただいています。研修テキストやワークシートの印刷・製本は、妻が窓口なって外注しています。

独立は基本、「YOU、やっちゃいなよ!」ではなく、「I、やります!」の世界。ですから、外部のプロにお願いする際に、私が大事にし、絶対に守っているのは、

「必ずお金を払う。タダでは絶対にお願いしない!」

ということです。

これは説明するまでもないですよね。独立した自分も、プロとして仕事する時は、必ず「有償」でするのですから。「自分は有償、人はタダ」というのは、はたしてフェアな発想でしょうか? お互い仕事を頼むときはきちんとフィーを発生させるということが、独立したプロ同士が仕事する場合の、最低限の礼儀であり、リスペクトだと信じています。

逆に、「タダ」でいいと言われても、怖いし、お願いできません。「お金」は価値の高さを表す代表的な指標だと考えているので、「タダでいい」はイコール「価値がゼロ、もしくは低い」ということになるからです。「お金をもらう自信がない仕事」をお客様に提供

するというのは、逆にある種とても失礼なことだと思うのです。

「独立するのはいいけど、給料は減らないでしょうね」問題

独立するうえでの、もっとも大きなハードルはなんだと思いますか？
資本金？　資格？　スキル？　人脈？

それらももちろん乗り越えなければならないものですが、私が相談を受けてきた中で、一番多く、最難関のハードルになりがちなのが、じつは「奥様」なのです（私への相談者が圧倒的に男性ばかりなので「奥様」といいましたが、要するにパートナーです）。
「よし、独立しよう！」となって、そのことを思いきって奥様（パートナー）に告げます。するとけっこう多い、返ってくるセリフがこれ。

「独立してもいいけど、まさか給料は減らないでしょうね？」

この思わず凍りついてしまうひと言なのです。

これを言われてしまうと、正直、けっこうキツイです。特に「初年度から、会社員時代の年収を絶対に下回らない」という約束は、かなりハードルが高くなります。私自身は、これでもスタートからかなり順調にいけたほうだと思いますが、それでも、独立初年度の収入は「会社員時代の約半分」という結果でした。

逆に言うと、パートナーが背中を押してくれる存在だと、独立はグッと現実味を帯びてきます。たとえば、パートナーも働いていて、そちらの安定収入が見込めるのであれば、それはハードルどころか、とても大きなアドバンテージになります。

「独立してもいいけど、給料は減らすな」とパートナーに言われてしまった後の具体的な解決策は、残念ながら私も持ちあわせていません。やはり、運命共同体の関係なのですから、そう言われないように、日ごろから丁寧なコミュニケーションを積み重ねておくことがとても大切になってくるでしょう。

このようなケースの打開策として、これから大きなカギとなるのが「副業」だと考えます。副業がOKであれば、私のようにいきなり「会社員か、独立か」の0－100（ゼロ・ヒャク）に踏み切るのではなく、「会社員も、独立も」という両立の経験をしばらくすることが可能になります。そこで独立の実績を作っておけば、完全に独立した場合の中長期的な売上見込みの精度も上がり、パートナーにも「夢」や「想い」だけでなく地に足のついた「具体策」と「数字」で独立生活を説明できるようになります。

家族がいるのであれば、その存在を無視して、ましてや犠牲にしてまで、独立を実行するわけにはいきません。独立すると、多くの場合、家に居る時間が会社員時代よりも圧倒的に増えます。ですから、独立の成否は、良好な家族関係を築けているかどうかに大きく左右されるのです。

私が独立を考えるもう1つのきっかけになったのが、38歳で授かった息子の存在でした。はじめて人の親となった私は、何気なく手に取ったある子育ての本を読んで衝撃を受けます。そこには、次のようなメッセージがあったのです。

「父親の役目はただ1つ。子どもに、人生は楽しい、すばらしい、という後姿を見せ続けること」

(会社員の今の自分の後姿は、息子にはどう見えるだろうか……)

(「人生は、厳しく、苦しく、切ない」、そんなメッセージではないだろうか……)

「これはヤバい！」と、その時、はじめて真剣に思いました。その時、「独立」が、夢から現実的な目標に変わったのです。そして、息子が2歳の誕生日を迎えた10日後に、私は実際に退職し、独立に踏み切りました。

話が早いのは「自分と同じような人」、助けてくれるのは「自分とは違う人」

独立したら、「そろそろパソコンを買い替えるか」といった小さなことから、「今後は本当に『7つの行動原則』一本だけに研修を絞り込むのか」「横浜だけでなく、原村にも拠点を設けるのか」といった大きなことまで、すべて自分で考え、自分で選択し、その結果は自分が引き受けることになります。上司のハンコをもらっておいて、「問題が起きたら上司の責任にする」といったこともできませんし、会議に持ち込んでOKをもらい、あとでトラブルになったら「みんなで決めたことですよね！」と言う、なんていうリスクヘッジもできません。

だからといって、すべてを、自分1人で抱え込む必要はありません。最終的に選択する（決断する）のは自分ですが、その手前でいろいろな人の意見を聞くのはもちろん独立していてもOKです。むしろ私は、独立したからこそ、選択する前は、会社員以上に他者の意見を聞いたほうがいいと思っています。

では、具体的には、だれに、どんな人に相談したらいいでしょうか？
メンターやコーチ、あるいはコンサルタントをつけたほうがいいのでしょうか？

もちろん、そういったプロの手を借りることも大事だとは思いますが、私がおすすめするのは、シンプルに「自分とは違う人」です。具体的に言うと、私の相談相手は、妻です。妻と私は、「2人を足すとちょうど真円になるのでは」と思うくらい、それぞれが持っているものが違います。たとえば、ジョギング中に私がフォーカスしているのは「距離」「スピード」「歩数」「消費カロリー」「フォーム」「脈拍」といったものですが、妻は同じジョギング中に「風が頬にあたる感じ」「濃くなった木々の緑」「はじめて発見した花」「体を覆う空気の重さ」を味わっています。私は事前に決めた距離はなんとしても走りきりますが、妻はその日のその時の判断で長く走ったり急にやめたりと臨機応変です。

私は人の中にいるだけで疲れてしまいますが、妻は人の中に入れば入るほど元気になる人なのです。

妻への相談でもっとも多いのが、じつは「メールについて」です。メールをやりとりしている中で、

（えっ、どういうこと⁉）
（いまになって、なに⁉）
（なにこれ、喧嘩売ってんの‼）
（なんで返信しないの？　何様⁉）

となることが私にはけっこうあります。そんな文書が目に入った瞬間、独立当初は、全部自己判断で、瞬時に返信していました。その結果は……相手だけでなく、自分にとっても、そのほとんどがマイナスになってしまっていることにある時気づいて、愕然としたのです（この場を借りて、当時の当事者の皆様に、心よりお詫び申し上げます）。

そこで、そのようなメールを見た時は、まず妻に見てもらい、意見を聞くようにしてみました。すると……

「これは、まったく相手に悪気はないわよ」

「バカにするどころか、むしろ、あなたを怖がっているように感じるけど」

「この人は、だれに対しても、すぐには返信しない人なんでしょ」


などと、まったく違う解釈をするではないですか！

最初は、半信半疑でした。いや、「2信8疑」くらいだったかもしれません。しかし、それまで、自分の感覚と考えを信じて返信したメールは、そのほとんどが悪い結果になっていることを思い出し、思いきって、妻の解釈に従った対応を選択しました。最初のころは、妻に返信の文書を代わりに書いてもらったこともあります。その文書は、私の頭の中からは絶対に出てこないものでした。

話が早いのは「自分と同じような人」ですが、独立を助けてくれるのは「自分とは違う人」です。「妻の考えを採用する」という選択をした結果は……劇的ビフォーアフター並みの、いい結果となったのです。

せっかく独立するなら、「みんなが勝てる」を実現する

一見なごやかに終わった会議の後の飲み会で、「納得いかない！」と顔を赤くして怒っている先輩を見たり。

値引きして喜ぶお客様に会った後で、苦虫をつぶしたような本社の先輩に会ったり。

「緊急対応をしてもらえることになった！」と喜んでいる後輩の裏で、緊急対応をさせられて、残業で子どもさんとの夏祭りを断念している工場の方がいたり。

…

私だけかもしれませんが、会社員として、「関わる全員が勝った」「みんなが笑顔で終わった」といった経験をしたことはほとんどありません。

「全員には喜ばれない」「だれかが悲しんでいる」……会社員の私が日々苦しさと難しさを感じていた主原因は、つきつめればコレだったと思います。特に大企業の場合は、関わる人の数も多く、その人の数だけ感情もあるわけですから、「全員が喜んで終わる」とい

うことは、私でなくてもなかなか難しいのが現実です。ある先輩は、「判断とは、50対50で意見が分かれているときにするもの。つまり、必ず半数には嫌われること」と断じていました。たしかに、100対0なら「判断」はいりません。「全員に好かれたい私」などは、やはり会社員には向いていないのです。

ただ、独立してからは違います。私は、全員が勝ち、みんなが笑顔で終われる日々を実際に過ごしています。研修が終わった時、参加者は「参加してよかった！」「目からウロコでした！」「明日からの仕事が変えられそうです！」と喜んでいます。そんな参加者を見ている人事部の方たちも、みなニコニコとしています。そんな研修を企画し、実現した研修会社さんの担当者も満面の笑みです。もちろん、そんなゴールを迎えられて一番喜んでいるのは、講師である私自身です。そして、これが大事なのですが、参加者の仕事が実際に良くなれば、現場で関わる上司も、後輩も、お客様も……と、さらに喜びの輪は拡がっていくのです。

逆に言えば、どこかで、だれかが負けているのであれば、陰でだれかが悲しんでいるのであれば、そのような仕事は要注意です。私は、どんなに条件が良くても、関係者のだれかの勝ちにならないのであれば、その仕事はしないようにしています。さらに言えば、これは研修という仕事に限ったことなのかもしれませんが、「だれかがどこかで負けている研修」「だれかが悲しんでいる研修」などといったものは、1回はできても、絶対に長続きしないと確信しています。いくら参加者と私が喜んでいても、人事部の方が納得していなかったらダメですし、人事部の方が大喜びでも、参加者が負けていたらこれもNOです。そして、研修会社さんにとってそれが喜びではなかったら、それはそれで、長くは続かないのです。

「みんなが勝てる」
「みんなが笑顔で終わる」

そんな仕事を、毎日を、比較的シンプルに実現できることが、独立した者に与えられる特権です。独立して何を仕事にしたらいいか悩むのであれば、「みんなが勝つために、みんなが笑顔で終わるためには、自分はなにをすべきか」というポイントで考え抜いてください。もちろん、その「みんな」に「自分」を入れることを忘れずに！

COLUMN

SNSは両刃の剣

SNSの発達は、独立した者にとっては、大きな追い風であることはまちがいありません。商品やサービス、自分の考えといったものを、無料で、多くの人に伝えられるというのは、昭和に独立した人から見たら信じられないくらいのメリットだと思います。しかし、そんなSNSにも当然、プラスだけでなく、マイナス面があります。

私は、自分が変な「メタメッセージ」を発してしまってはいないか、特に気をつけるべきだと考えます。メタメッセージとは、メッセージの本来の意味を超えて、別の意味を伝えるようになっているものです。平たく言えば、「裏メッセージ」と言ってもいいかもしれません。たとえば、日経新聞が、どんな大きな政治スキャンダルや社会的事件があっても、1面に経済の記事を載せていたとします。この場合、記事そのものがメッセージであるのに対し、「世の中のどんなことよりも、経済が大事」というのがメタメッセージになります。

同じことが、SNSでも起こります。

・趣味の記事を毎日のようにアップし続けると……
↓仕事よりも趣味がメイン。仕事は趣味のお金を稼ぐためにしているだけ？

・「仕事が忙しい！　寝る間もない！　今週も休みなし！」とアップし続けると……
↓こんなにフェイスブックを書く時間はあるのに？　自分が売れっ子だとの自慢？
↓この人、年中バタバタしている。ひょっとして生産性の低い、要領の悪い人？

このように、悪気のない、無邪気なメッセージが、自分の足をひっぱり、評判を落としめるようなメタメッセージに変換して、大事なお客様に伝わってしまっているかもしれないのです。

CHAPTER6

メンタルを整えて、幸せになる

私が独立してもっとも変わったのは、メンタル面かもしれません。もちろん〝いい意味で〟変わったのです。

……と聞いても、なかなか容易には信じられないかもしれません。私も、会社員時代は

「独立なんかしたら、プレッシャーで押しつぶされてしまう」
「孤独に耐えられなくなる」
「不安でしかたない毎日になる」

と勝手に思い込んでいましたから。

ということで、最終章は、会社員とはまったく違う「独立のメンタル」について、多面的に考察していきます。

だれもが安全だと思う地で、僕は休職した

「独立なんて、よくリスクがとれましたね……」
「安定を捨てるなんて、ホントに勇気がありますね……」

これが、「独立して仕事をしています」と伝えた時の、もっとも多いリアクションでした。
では、そのリアクションにあった私はどうかというと、口では「あ、はい……」と言いながらも、心の中では？マークがいつもいっぱいになるのです。

（リスク？？　安定を捨てた？？）

たしかに、私が18年お世話になった会社は、食品業界という安定した業種の、老舗で、大手の、就職人気ランキングでもずっと上位の優良企業です。そして実際に、会社はずっと安定していました。では、そこで働いていた私が常に安定・安心だったのかと聞かれれば、それは違います。すでにカミングアウトしたとおり、会社では毎日緊張していましたし、ストレスも多く、30歳で休職にまで至ってしまうのです。
みんなが安全だという地が、自分にとって安全とは限りません。そういう地には、優秀な人がどんどん集まります。ですから、そこでの説得や議論、そして競争も、実際にはそんなにラクではありません。

独立する時も、そこはぜひ気をつけたいポイントです。「いかにも絵に描いたような」経験や経歴は、かえって自分を苦しめ、心穏やかでない日々を引き寄せるかもしれません。たとえばどういうことか、研修講師という仕事で考えてみましょう。

「独立したプロの研修講師」として活躍するのは、どんな人でしょうか？

MBAを取得していて、マッキンゼーやボスコンといったバリバリのコンサルティングファーム出身で、というのが「いかにも絵に描いたような」研修講師像かもしれません。そして実際に、そのような経歴で活躍なさっている講師はたくさんいます。が、研修を企画する人事部教育担当者の立場で講師を探すと、そういった「いかにも絵に描いた」研修講師の人たちは、じつはかなりの数いらっしゃるのです。ですから、そこはある種レッドオーシャン（血の海）の激戦区であり、「その中のトップ」になるにはかなりの競争が必要になります。

私自身は、いわゆる日本の事業会社で、営業、マーケ、総務、人事、広告と経験した、なんのスペシャリストでもなく、しかも一度は「休職」までした男です。しかし、研修講師としてデビューしたら……いきなり「人気講師」になったのです。自分でも不思議でしかたなかったので、お客様である人事の方たちに「あの……なぜ私を選ばれたのでしょうか？」と直球で尋ねてみました。すると、その答えはこういったものだったのです。

「堀田さんのような、事業会社の内側で、現場で実務経験を積まれた講師って、意外と少ないのです」

「失礼かもしれないですが、『成功談』を語る講師はいても、なかなかリアルな『失敗談』を話してくれる講師はいないんですよ！」

安全で安定したところには多くの人が集まり、競争が激しくなります。だから、安全ではなくなるのです。

「ずっと会社員でいこう！」という方も、それが本当に未来永劫の「安定」が約束されている選択なのか、ぜひ客観的に考えてみてください。「変わる」ことにだけリスクがあるのではなく、「変わらない」ことにも同じだけのリスクはあるのです。

15年前、会社の同期の多くは、私のことを「リスクが大きい」「早まるな」と心配してくれました。しかし去年、その会社で「早期退職」がおこなわれました。その結果、多くの同期が、15年前には想像もしなかった「50代半ばでその会社を去る」という選択をすることになったのです。

安定収入がなくなることが、メンタルを最高に安定させる

会社員時代と今とを比べると、メンタルが安定しているのは、私は圧倒的に独立した今のほうです。何が決定的な要因かといえば、これに尽きます。

「『安定収入』という考えを手放した」

会社員を選択する大きな理由の1つに、「安定収入が保証されるから」が挙げられますが、じつはそれこそが「心の不安定」を引き寄せる元凶だと思います。

安定収入を保証する側から考えれば、保証するのですから、スポットで支払うよりも、当然賃金を低めに設定することになります。なので、もらうほうには「こんなに働いているのに、なんでこれだけしかもらえないのだろうか……」というストレスが発生することになります。

そして、何より問題なのは、安定収入を保証する代償として、その1社からしかお金を

もらえなくなってしまうことです。収入を1社に限定されれば、当然、力関係として、お金を支払う会社側の立場のほうが強くなります。その会社にダメ出しされたらもう終わりなのですから、評価を過度に恐れ、萎縮してしまうかもしれません。そして、そこで働く側にも、「この会社の、上司の言うことを無難に受け入れていればいいのだ」といった「依存心」が生じるリスクがあります。依存心は、その裏返しとして、いい結果が出ない時にえてして

「言われたとおりにちゃんとやったのに……」
「給料分以上はまちがいなく働いているのに……」

といった「被害者意識」を呼び起こすのです。

このように、安定収入は、残念ながら心の安定までは保証できません。むしろ、メンタルをザワつかせる主犯者になってしまうのです。

独立したら、それらのすべてが見事に雲散霧消しました。仕事をしたら、仕事をした分だけもらえます。その単価も、自分の価値と交渉力の結果ですから、だれを恨むこともありません。そして何より、何か所からお金をもらってもいいのです。お金を支払う側も、

その仕事の対価として払うだけですから、それ以上の「帰属」や「忠誠心」などを求めてくることはありません。

ですから、せっかく独立するのであれば、「1年間でいくら」「ひと月にいくら」といった、一見安定収入が見込めてホッとする定額の契約よりも、案件ごとにお金をもらうスタイルのほうを断然おすすめします。何事もサブスク契約のほうがやはり単価は低くなってしまいますし、案件ごとにお金をいただくスタイルのほうが結果としてマインド的にひっかかることもなく、すっきりした日々が過ごせるのです。安定収入がなくなることが、独立のメンタルを最高に安定させるのです。

「自分は救われていない宣教師」はイタい

独立で成功するコツは、お客様が期待する以上の価値を常に提供し、ピュアに「お客様の幸せ」を追求し、実現し続けること、になります。ですが、そのために大事な「大前提」があると私は考えます。それは、

「自分がちゃんと幸せで、日々満たされていること」です。

「おいしい食事で人々を健康でしあわせにしたい!」という人が、不健康で毎日つまらない食生活をしている。

「あなたの心の問題を解決します!」というカウンセラーが、ストレスまみれの生活を送っている。

「姿勢が人生を変える!」というマッサージ師が、長年の腰痛に苦しんでいる。

「あなたの仕事をよりよくします!」という講師が、自分の仕事に行き詰まっている。

…

このように、「自分自身が救われていない宣教師」が、じつはお客様から見てもっともイタいのです。

「プロの研修講師になりたい」というご相談を受けた時、よく私は「どれくらいの年収を稼ぎたいですか?」とストレートに尋ねます。すると、「できれば800万円は……」「贅沢はいいません、600万円くらいは……」といった答えが返ってくることがけっこうあります。そう聞いたとき、私は「それはムリです!」とハッキリと答えるようにしています。なぜなら、企業研修で教える場合、参加者はだまっていても40代には年収1000万円になるような方ばかりだからです。将来年収1000万円になると決まっている人は、「年収600万円の人から仕事の仕方を教えてもらいたい」とは思わないはずです。プロ野球のレギュラー選手には、年収500万円では、なりたくてもなれないのです。

ですから、もしプロ野球選手や研修講師として独立するなら、思いっきり、遠慮なく、稼いじゃいましょう！　そして、まず自分が幸せになりましょう。

独立した私の会社名は、「クリエイトJ株式会社」といいます。そこに込めた想いは、

「まず自分を創造する。そして人財を、日本を創造する」
（Jibun⇒Jinzai⇒Japan）

です。私は、この順番が大事だと確信しています。まず、なにより、自分が自分を創造し、幸せにしてあげることです。その土台が築けてはじめて、お客様の創造のお手伝いに100%のエネルギーを注ぐことができます。

人は、自分が幸せな人に、幸せを届けてほしいのです。

ストレスは仕事で解消する

「独立生活のストレスをどうやって解消しているのですか？」

これもよくいただく質問です。その質問への答えは、「仕事で解消する！」になります。まず、せっかく独立するのですから、そもそもストレスなんかない仕事を、はじめから自分で遠慮なく吟味し、デザインすべきです。つまり、「期待と現実のギャップ」をストレスというのであれば、その差がもっとも少ない仕事で独立するのが王道になるということです。

私は、営業は、自分が期待するほどうまくできません。マーケティングも、自分がイメージする理想のマーケターと現実の自分の姿がほど遠い、という悲しい事実を知っています。ですから私は、そのような仕事で独立してはいけないのです。一方で、研修講師という仕事は、自分が期待する理想の講師にかなり近い形で、現実にもパフォーマンスすることができます。ですから、その仕事に絞って独立したのです。

自分が好きで、得意なことで、独立したのであれば、それ以外のもので「解消」しなければならない、なんていうことはそれほどありません。なので、飲み会も趣味も、「ストレス解消！」という目的では不要になります。せっかく独立するのですから、ストレスを解消できるくらいの、楽しい仕事をしましょう。

ただ、「期待と現実とのギャップ」という意味でのストレスはほぼなくなるのですが、プレッシャーとか、張りつめた緊張感というのは、当然あります。身近にいる妻に言わせると、研修が続いているときと、閑散期の時とでは、私から出るエネルギーや緊張感がまるで違うとのことです。雰囲気だけでなく、顔つきや体つきまで、まったく変わるそうなのです。

そういう意味では、気をつけなければいけないのは、知らぬ間にまったく休まずに、ずっと仕事をしてしまうことかもしれません。自分が好きで得意なことをやっていて、緊張感やプレッシャーはあっても、それは決して不快ではなく、ある種心地よいものですから、次から次へと仕事をしてしまいます。そして、会社員と違って、残業や休日労働を止めてくれる上司も人事部も組合もいないのです。

そういえば、独立後に、最大のストレスを感じたことが私にもありました。それは、「コロナで研修ができない！」というストレスです。お客様も望んでいて、私も望んでいるのに、自分たちではどうにもできない要因によってその仕事ができないのです。これは、本当に、大きなストレスでした。講師仲間たちとリモートで情報交換をした時は、口々に、「ああ、早く研修がしたい！」と、それまで自分の中に押し殺していた心の叫びをあげていました。

いま振り返ると、会社員時代は、仕事が同じような不慮の出来事でなくなったりすると、ストレスを感じるどころか、心の中で小さくガッツポーズしていたように思います。そんな反省も踏まえ、今はまったく逆に感じられる仕事の日々が実現できていることに、心から感謝です。

独立に失敗はない

「自分が繊細で、打たれ弱い人間だ」ということを今は受け入れていますが、そんなカミングアウトを当時の先輩や同僚にすると、よく意外そうな顔をされます。

「堀田は、そんなに繊細には見えなかったけどなぁ……」
「どちらかと言えば、堀田はガンガンいく、生意気なタイプだと思っていたけど……」

それはそうかもしれません。じつは私は、失敗をした時は、だれよりも平気なフリをして、逃げるどころか、より強気な姿勢で次の仕事に立ち向かっていきました。なぜなら、「もうダメだぁ！」「ああ、怖い！」といった「弱い自分」を出せるほど、強い人間ではなかったからです。そのような場面で、人に泣き言を言えたり、逃げ出したりできる人、つまり「自分の弱さを出せる人」は、じつはある種、とても強い人なのです。

そんな私が、独立してどうなったかというと……はい、まったく大丈夫です！　会社員時代のストレスが100だとしたら、今は10～20くらいでしょうか。

では、私が打たれ強くなったかというと、そうではありません。「自分は弱い」ということを受け入れたという意味では強くなったかもしれませんが、本質的な「打たれ弱い自分」はあいかわらずそのままです。

ということは……そうです。「失敗する場面」「打たれる場面」が激減したのです。なぜかというと、独立して仕事をしていると、失敗はほとんど「ない」からです。もう少し丁寧に言うと、「成功できることでしか、お客様からは声がかからない」し、「失敗をすると、仕事が来なくなる」ので、失敗しないし、しても続かないのです。

安心してください。独立したら、そこに待ち受けているのは「成功だけの日々」です。たとえば、はじめて入ったラーメン屋さんで、「この店は失敗だった」と思ったら、それをわざわざお店に伝えたりはしませんよね。黙って立ち去り、「2度と来ない」という選択をするだけです。そして、「この店はちょっと違うな」というスイーツ屋さんには、けっして入らずに、毎日素通りしているはずです。ですから、ラーメン屋さんもスイーツ屋さんも、そして研修講師も、したくても、そんなに失敗できないのです。逆に言えば、失敗しても失敗してもまた仕事ができるというのが、会社員の最大の特権なのかもしれません。

「打たれ弱くて繊細なところ」が最大の武器に

そういうことで、大きな意味ではストレスはほぼ皆無になりましたが、日々の小さなストレスに焦点をあてれば、独立しても当然たくさんあります。たとえば、研修後。アンケートを見ると、やはりいろいろな思いが去来します。余談にはなりますが、私は参加者評価が「オール5」となる研修がいいとは、人事部時代も、講師になった今も、じつは思っていません。研修は「教育」であり、「サービス」とは本質的には違うからです。もし「オール5」が欲しかったら、耳の痛い話はいっさいせずに、全員に、休み時間も使って個別にサービスをすれば、じつは比較的かんたんに取れてしまいます。人事部の方、お気をつけください。

「あそこはもう少し、掘り下げるべきだったかなぁ……」
「あそこは、参加者のワークをもう少し延長したほうがよかったかなぁ……」

人事部の方が喜んでいて、研修会社さんの担当者が満足していて、参加者のアンケートの数字が良くても、完璧主義の傾向があって、小さなミスも気になる私は、このようにけっこう研修後もひきずってしまうのです。同業の講師に相談すると「大丈夫だって！」と言ってくれるのですが、正直、なかなか心から「大丈夫」だとは思えない自分がいます。

最初のころは、そんな自分の「打たれ弱くて繊細なところ」が大嫌いで、仕事をしていくうえでの大きなハンデだと思っていました。しかし、その考えが180度変わる出来事が起きます。研修会社さんの社長で、自らも講師をなさっているこの業界の先輩に、雑談の中で「この世界で、講師として長続きするためには、何が必要ですか?」と何気なく尋ねてみたときのことです。その先輩は、「いろいろあるけど、1つに絞ったほうがいいよね」とおっしゃったあとに、こう言ったのです。

「繊細で、打たれ弱いこと、かな」

ビックリする私に、その先輩は続けました。

「大胆で打たれ強い講師は、参加者の細かい反応がわからないし、わかったとしても気にしないいんだよね。だから、下手すると、どんどん参加者と離れてしまうんだよ」
「私が見てきた中で、長く生き残っている講師は、みな繊細で、どちらかといえば、打たれ弱い人たちかな。そういう人は、参加者のちょっとした変化も見逃さないし、天狗になることもないし、改善も怠らないしね」

この日を境に、会社員時代の私の最大の弱点が、独立した私の最強の強みに変わったのです。

そう言われてから、周囲にいる独立したプロたちをあらためて見てみると、どちらかといえば繊細な人のほうが多いのではと私も感じています。私が20年以上通っている美容師さんも、私が信頼している歯医者さんも、「えっ、そこまでやるの！」というくらい、細部にこだわり、納得いくまで決して妥協はしません。「神は細部に宿る」と多くのプロは言いますが、逆に言えば、細部が気にならない人はプロにはなれないのです。

その点、会社員は、やはり繊細で打たれ弱いと難しい商売かもしれません。話はいきなり大きく過去へ飛び、唐突な質問になりますが、織田信長、豊臣秀吉、徳川家康の3人の共通点はなんだと思いますか？　本で読んだ限りではありますが、私は「繊細なこと」だと考えます。そして、繊細だけど、それでいてもっとも打たれ強かったのが、最後に天下を手中に収めた徳川家康だったのではないでしょうか。「繊細だけど打たれ強い」が、1つの理想かもしれませんね。

「NO！と言える権利」をどう使うか

会社員時代のストレスとして、もう1つ大きかったのは、

「その仕事はやりません」「お断りします」

という選択肢がなかなか取れなかったことです。どんなに納得いかなくても、気持ちが乗らなくても、お客様に言われたら、上司に指示をされたら、「NO！」とはなかなか言えません。もちろん、半沢直樹のように上司に大見得を切りながらNO！を言う猛者も中にはいるでしょうが、そのハードルは会社員にとってかなり高いのが現実です。特に私が働いていた会社は、ナショナルブランドを持つ大企業です。日本中、どこの取引先とも商売をしているので、「御社とはつきあいません」ということが前提としてそもそもないのだ、と入社早々に私は肌で感じました。

そんな会社員と比較すれば、独立したほうが「NO！」を言うハードルはかなり下が

ります。「NO！と言える権利」をもらえたことが、私にとっての独立の最大のメリットだったかもしれません。なぜなら、その権利を行使することにより、会社員時代と比べて、ストレスは激減し、メンタルが比較にならないくらい安定したからです。

別の側面から言えば、この「NO！と言える権利」をいかに効果的に使うかが、独立の成否を分ける大事なポイントになります。権利を得たからといって、相手の事情や自分の置かれている立場もわきまえず、いい気になって「NO！」を乱発していたら、業界に悪い評判が流れて、総スカンを喰ってしまうかもしれません。

「NO！と言える権利」は、できるだけ相手の「YES！」をもとに丁寧に行使しましょう。「お客様から『7つの行動原則』以外の研修を依頼される」ということが、私にはよくあります。その際に、「NOです！　私は『7つの行動原則』研修以外はやりません！」と取りつく島もなく即答してしまったら、やはりギクシャクしてしまいます。たとえば、それがマネージャーを対象とした研修であれば、お声がけいただいたことにまず謝意を述べつつ、自分は若手や中堅を対象にした「7つの行動原則」研修に特化していること、マネジメント経験はそんなにないことをまずは正直に申し上げます。そのうえで、「もしよろしかったら」と、私以上にマネジメント研修が得意なほかの先生や、より対応力の高い研修会社さんを喜んでご紹介します。そうやって、相手も「YES！」となる道を、できるだけ丁寧に模索するようにします。

「YES！」と言うことで、自分が負け、相手が勝つ「LOSE－WIN」になってしまうのもおすすめしませんが、「NO！」と言うことで、自分は勝つが、相手は負ける「WIN－LOSE」の結果をあちこちに残すのもどうかと思います。ですから、「今回は取引をしないということにお互いが納得した」というゴール、つまり「NO DEAL！」に双方が気持ちよく『YES！』と言った」というエンディングを丁寧に積み上げていくことをおすすめします。自分がNO！を言えるようになると、相手のNO！にいちいち傷つかなくなります。そして、YES！の縁を、さらに大事にできるようになるのです。

変えられないものは受け入れる落ち着きを、変えられるものは変えていく勇気を

9か月もメンタル面の問題で休職した、いわゆる〝メンタルの弱い〟私は、その挫折体験のおかげで、治療のプロセスの中で、私の人生を大きく好転させてくれることになる、

1つの「お祈り」に出会うことになります。そして私は今でも、苦境に立たされた時、心がザワつき感情が乱れそうになった時、そして大きな選択をする時は、ひと呼吸おいて、まずこの「平安の祈り」とよばれるお祈りを心の中で唱えます。

神様　私にお与えください。
自分に変えられないものを　受け入れる落ち着きを
変えられるものは変えていく勇気を
そして、二つのものを見分ける賢さを
（ラインホルド・ニーバー神父）

2020年の2月に、それは突然、訪れました。新型コロナウィルスの感染拡大により、予定されていた研修が、すべて中止になってしまったのです！　リーマンショックや3・11と違い、特定の業種やエリアだけでなく、すべての研修が止まり、復活の見通しはまったくありません。その事態のあまりの深刻さに、私の感情は「怒り」や「恐れ」といったネガティブな方向に大きく揺さぶられました。

では、このコロナ禍という出来事や状況は、自分に変えられるものなのか？　変えられないものなのか？　この祈りを唱え、まず「見分ける賢さ」を求めました。コロナ禍自体は自分には変えられないものだと理解した私は、まずその自分には変えられない状況を受け入れることを選択しました。受け入れると、不思議とそれまで嵐のように乱れていた自分の感情が徐々におさまり、落ち着きが与えられました。

次に私が迫られたのは、「『7つの行動原則』研修をオンライン化するかどうか」という選択でした。2日間の研修プログラムをオンライン化するということは、当時は未知の世界の話です。どうやらZoomというツールはあるらしいですが、私自身はIT音痴で、その方面もまったく自信がありません。ですから私は、「オンライン化はしない」「コロナが収束するまで、じっと待つ」と迷うことなく決めていました。というか、それしかない、と信じて疑っていなかったのです。しかし、研修会社さんや講師仲間とオンラインでの情報交換をしていく中で、「もしオンライン化に失敗したら、それまで積み上げてきたものをすべて失ってしまう」という自分の「恐れ」がその選択のもとにあることに気づき、「では参加者は、この貴重な学びの機会を、コロナによって失っていいのか？」という大きな疑問が頭の中に生じてきたのです。

私は、180度転換し、周囲のサポートのもとに、「オンライン化する」ことを選びます。『7つの行動原則』研修のオンライン化」を、「変えられるもの」だと判断したのです。そうと決めたら、あとは「勇気」をもってチャレンジするだけです。ありがたいことに、多くのお客様が『『7つの行動原則』研修を、2日間で、内容もほとんど変えずに、オンライン化する」というそのチャレンジに賛同してくださいました。結果、2020年の5月から12月までの間に、30回、60日を超える「オンライン版『7つの行動原則』研修」を、お客様の言葉を借りれば〝集合研修とまったく遜色ないレベルで〟実現することができました。

逆に言うと、変えられないものを受け入れず、変えられるものを変えず、そして2つのものを見分けられないと、メンタル的にもどんどん追い詰められていきます。会社員時代も、私はことあるごとに、この平安の祈りを唱え続けました。

自分が休職にまで至ったおもな原因が、「上司」や「他人」といった変えられないものばかりを変えようとし、「自分自身の働き方」のほうはまったく変えようとしていなかったことにあったことを理解し、まずそのことを深く受け入れました。復職してからの8年間は、「会社や他者を変えるのではなく、与えられた環境の中での自分の仕事のやりかた、自分のありかたを徹底的に変える」ことを選択し、実践しました。しかし、自分を変えれば変えるほど、会社員という働き方に根本的にはアジャストできない、変えられない自分がいることが、逆に浮き彫りになってきました。

40歳で「会社員という働き方は、自分をどんなに変えても、最終的には自分には合わない」ということを心から受け入れた私は、「独立」という選択を、勇気をもって、実践したのです。

売上に不安になったら、高いところに行ってみる

「ほとんどのお客様はリピートしてくださるが、新規のお客様が増えない」

そんな、売上的には膠着した状況が続いたことがあります。やはり新規のお客様がないと、精神的には不安になります。リピート率はかなり高いので、実施している研修の「品質」や「価値」が高いことは実証されているのです。それなのにいったいなぜ？　何が悪いの？　ではどうやったら？　……平静な顔をしていても、打たれ弱い私は、不安の雲を自分の中でどんどん大きくしていきました。

そんなある日、新宿の高層ビルの上層階の会場で、研修を実施することになりました。

午前中の研修を無事に終え、昼休みに、それまでプロジェクターを見えやすくするために閉めていたブラインドをちょっと上げてみたのです。眼下に、東京の街が一面に広がっていました。視界の限り、そこには地の果てまでビルが林立しています。

（世の中には、そして東京だけでも、こんなにも人が暮らしているんだ……）

（この視界の中だけでも、いったい何社くらいの会社があるのだろうか……）

その時、それまで私が抱えてきた不安が、理屈ではなく、消失していくのを同時に感じたのです。

（これだけ会社があれば、「7つの行動原則」研修との新たな出会いはきっとある！）

（「7つの行動原則」研修を心待ちにしている人は、まだまだたくさんいる！）

不安になっているときというのは、たいてい、その不安な出来事に自分の視線がロックオンしていて、視野が狭くなってしまっています。会社員なら、そんな時「周囲の人のひと言でパッと視界が広がる」なんていうことがありますが、独立すると、なかなかそんなことも起きません。

ですから私は、そんな時は文字どおり、物理的に〝視野を広げる〟ことを提案します。具体的に、東京近辺にいてもすぐに、かつリーズナブルにできるのが、私のように「高いビルに上って、景色を眺めてみる」ことです。探してみれば、ホテルのように、高層階にだれでも入れるロビーがある建物はけっこうあるものです。お気に入りの場所を見つけておいて、一度だまされたと思って、あなたも試してみませんか？

1人乗りのヨットは、案外、嵐に強い

「会社員と独立の違い」をイメージしてもらうたとえの1つとしては、「大型船と1人乗りのヨットの違い」がわかりやすいかもしれません。

大型船だと、「どこに向かうか」「何を運ぶか」が大事と知りながらも、「船の中の人間関係」や「だれが先に一等航海士になるか」にも意識が向きがちになります。そして、自分が体調を崩し、途中で下船し、となっても、運航の大勢に影響はありません。しかし、

1人乗りのヨットでは、人間関係の問題はまったく起きませんが、だれも代わりに操船してくれませんし、進路に迷ってもだれにも相談できません。そして何よりも、孤独です。『十五少年漂流記』と『ロビンソン・クルーソー』が、同じ「遭難」を題材にしながらもテーマがまったく似て非なるものであるのと同じなのかもしれません。

しかし、1人乗りのヨットではありますが、捉え方によって、精神状態、特に心強さは、まったく違ったものになります。

「広い太平洋に、自分のヨットしかいない」
「広い太平洋に、声をかけあえるところに、自分以外のヨットもたくさんいる」

ですから、あまり人づきあいが得意ではない私ではありますが、独立した者同士のリレーションはとても有難く、大事にさせていただいています。

独立して以降、リーマンショック、3・11、そしてコロナ禍と、厳しい状況に立たされたことが幾度となくありました。その時支えになったのは、やはり同じく独立している仲間の存在でした。お金をあげたりもらったり、仕事を与えたり与えられたり、といった実質的な助け合いをしたことは、じつはほとんどありません。そこはお互いわきまえています。遭難してヨットから海に投げ出されても、1人で泳ぐしかありません。自分の代わりに泳いでくれる人もいなければ、だれかの分まで泳ぐこともできないのです。しかし、荒れた太平洋を独りぼっちで泳ぐのと、大勢で近くに集まって声をかけあいながら「こういう泳ぎ方が楽だよ」と経験を分かちあいながら、時には冗談を言いながら泳ぐことができるのとでは、その辛さも、心強さも、まったくもって違ったものになります。ひとりぼっちの遠泳は、やはり、せつないのです。

さまざまな環境の変化を経験してわかったことは、もう1つあります。

「1人乗りのヨットは、案外、嵐に強い」

もちろん、何万トンもの大型船のほうが、実際には嵐に強いとは思います。しかし、1人乗りのヨットは、万一1回ひっくり返っても、もう一度ヨッコイショ!とかんたんに浮かべることができるのです。特に荷物が少ない（つまり家賃や仕入れや人件費が発生しない）1人乗りのヨットは、復元が早いし、修理もかんたんだし、方向転換もかんたんにできるので、意外と安心なのです。

自分のリトリートゾーンを持つ

スターバックスコーヒーが日本での出店を拡大していく中で、「サードプレイス」という新しい言葉も同時に広まりました。「ただコーヒーを飲む」だけでなく、「家」と「職場」にプラスした3番目のくつろげる空間としてスタバをご活用ください!、という提案です。

独立すると、その形態にもよりますが、下手すると「家、以上」とファーストプレイスだけで1日24時間、1年365日が過ごされてしまう可能性があります。そして、その仕事が好きで、おもしろいのですから、生活がどんどん仕事一色に塗りつぶされていきます。「それが悪いことなのか」という議論もありますが、私の経験からすると、やはりそうなってくると、視点も凝り固まり、ルーティン化し、新鮮さを失い、そして消耗し、といったデメリットの芽も徐々に顔を出してくるものです。

私は、独立したら、自分にあった「リトリートゾーン」を持つことを提案します。Retreat（リトリート）を調べると、「退却」「後退」「静養先」「隠れ家」「避難所」「黙想」

などの言葉が出てきます。語源と言われるRetreatment（リトリートメント）には、「再治療」「回復」などの意味があります。つまり、具体的、物理的な場所でなくてもいいので、あえてちょっと後退できる、静養できる、回復が図れる、そんなゾーンを持ってみるのです。

私のリトリートゾーンは、大きくは2つあります。

1つは、ボランティアの集まりです。私がメンタルの問題で休職した時にお世話になった活動に、今でも定期的に関わっています。「すでに完治してしまった、治療者でありアドバイザー」といった立ち位置ではなく、「今も、大なり小なりの問題を抱える、永遠に回復途上の1人の仲間」として参加しています。実際に、ここに参加するたびに、私自身がリフレッシュし、力をもらえるのを実感しています。

もう1つが、八ヶ岳の麓に構えた新たな拠点、通称「原村ラボ」です。父も母も、いわゆる「田舎」がなかったので、幼少期から50歳になるまで、私はずっと都市部で暮らしてきました。そんな私にとって、八ヶ岳の麓の、標高1400mの大自然暮らしは、そこにいるだけでまさに「リトリート」なのです。ちなみに、ちょうどこの文章を書いているのも、まさに原村ラボのデスクです。

リトリートに、必ずしも大きな仕掛けが必要なわけでもありません。たとえば、仕事の合間にちょっと散歩して、氏神さんの神社の境内にたたずむ、なんていうのもステキなリトリートといえるでしょう。また、家に居ながらでもリトリートゾーンに入ることは十分に可能です。「マインドフルネス」という言葉で脚光を浴びている「黙想」などは、まさに立派なリトリートゾーンです。そういう意味では、私にとって最高最大のリトリートゾーンは、「平安の祈り」なのかもしれません。そして、土日やアフターファイブだけでなく、いつでもリトリートゾーンに入れるのが、独立の贅沢なのです。

メンタルの問題は、フィジカルの問題

「会社員と独立の違い」を多方面から紹介してきましたが、ご案内できていない、大きな違いがまだあります。それは、

「独立したら、『有給休暇』なんか取れない！」

ということです。

独立したら、あるのは「お金をもらって働く日」と「お金をもらえずに働く日」、そして「無給休暇の日」だけです。お金をもらいながら休める、なんていう夢のような制度は消滅します。そして、休みが無給になるだけならまだいいですが、もし大事な仕事に病気かなにかで穴をあけたら大変です。たとえば私が、研修を病気で休んだりしたら、損害賠償で済めばまだいいですが、信頼を失い、次からのほかの仕事にも重大なマイナスの影響をおよぼしかねません。

ですから、独立に大事なのは、メンタル以前に、フィジカルの健康です。ここには最大で細心の注意をはらうだけでなく、健康を実践し、実現し続けることが必要になります。

逆に言うと、独立のメリットは、自分がやりたい健康への取り組みを、会社員以上に気兼ねなく実践できることにあるともいえます。私は幼少期からアレルギー体質で、幼いころから喘息と湿疹に悩まされ続けていました。幸運なことに、喘息はある時からピタッとなりを潜めたのですが、湿疹のほうはずっとつきあい続け、薬が手放せない日々を重ねてきました。しかし、48歳の時に、「もうこれ以上は薬でもどうにもならない」という状況にまで、症状が悪化してしまったのです！

その時に私が出会ったのが、薬ではなく、自分の自然治癒力で自分を治していく、体質改善での根本治療でした。具体的には、マクロビオティックの考えをベースに、「玄米菜食」、つまり白米を玄米に切り替え、肉や魚、卵や牛乳といった動物性のものを一切食べない、いわゆるベジタリアンの食生活を、少なくとも年単位は続ける！という「食養」が中心になります。そして、もう1つの大事な柱が、歩くこと、走ることを軸にした運動を定期化すること、でした。

会社員で「ベジタリアンの玄米菜食」を貫きとおすのは、正直、かなりハードルが高いと思います。しかし、独立していれば、家族の協力を得られれば、実現可能性はグッと高まります。そこで私は、「玄米菜食＋運動」の日々を実践することに、大きく舵をきる決断をします。

じつは、その治療をはじめると、症状として、肌はしばらく逆に悪化するのです。今まで薬でごまかしてきたものが、あるいは薬そのものが、排毒されるからです。この対応も、オフィス勤務が中心の会社員だったら無理だったかもしれませんが、妻の絶大な協力のもとに、なんとか乗り切ることができました。じつは、原村ラボを構えたもう1つの大きな理由がこれだったのです。妻とも一緒に、空気と水と、そして野菜のおいしい場所に拠点を構え、腰をすえて体質改善に取り組むことにしたのです。

それから6年半がたった今、まったく薬を使っていないのに、一部を除いて、私の肌は人生で最高にキレイになっています！　そして、「玄米菜食＋定期的な運動」は、肌だけでなく、私を根本的に健康にし、免疫力を高めてくれました。喘息で虚弱だった私が、今は毎朝5㎞ジョギングした後で、何事もなくオンラインでの研修を実施できます。70㎏を超えて常にむくんでいた体も締まり、筋肉がついて65㎏まで落ちて安定しています。そして、この6年間、1回インフルエンザに罹った以外は、風邪ひとつひかないのです。

フィジカルがよくなって、やっと気づいたことがあります。それは、「メンタルの問題は、フィジカルの問題でもあったのだ」ということです。湿疹に常に悩まされ、少し歩いただけで息が上がる、というフィジカルのもとでは、なかなかメンタルだけを上に向かすことはできません。私は特に、「腸」の健康がカギを握ると考えています。「腹を決める」「腹がすわる」……と昔から言います。ですから、かつての私のように、下痢と便秘をくり返しているようでは、「ちょっとしたことには動じない」なんていうメンタルも手に入らないのです。

八ヶ岳の麓の一面の緑の中を、湿度の低いきれいな空気に包まれ、軽く汗をかきながらジョギングしている……そんな日々の中で、ネガティブなことを考えるのは、逆になかなか難しかったりします。

選択に迷ったときは、そのもとにある感情で選ぶ

変えられないものは、受け入れると落ち着きます。

変えられるものは、勇気をもって変えていきます。


では、どうやって、その2つのものを賢く見分ければいいでしょうか？

最後にご紹介することも、私がメンタルの問題で挫折し、回復するプロセスの中で、手に入れることができました。

選択に迷ったときは、その選択のもとにある、自分の感情を見つめてみるのです。

つきつめると、人が選択するとき、その根元にある感情は「愛」か「恐れ」かのどちらかです。であれば、「恐れ」ではなく、「愛」のほうを選べばいい、というのです。

これだけでも目からウロコだったのですが、その「愛」の対象に「自分」を入れることが大事だと聞いて、私はさらに驚くことになります。

「『7つの行動原則』研修はオンライン化しない！」という最初の選択の根元には、「オン

ライン化に失敗して、これまでの信頼をすべて失ったらどうしよう」「ITなんて自分にはムリ」という「恐れ」の感情がありました。「肉や魚など好きなものはなんでも食べ続けながら、なんとか効く薬を探して対処し続ける」のと、「肉や魚は食べられなくなるが、肌は完治し、薬に頼らなくてもいい健康な体を手にいれる」のとでは、どちらのほうが〝自分〟をその対象に含めた「愛」の選択なのか。なんどもなんども、自分の奥の奥にある、感情に触れてみました。


この会社に骨をうずめるのか、転職するのか。

会社の中で、スペシャリストでいくのか、ゼネラリストでいくのか。

副業するのか、しないのか。

そして、このまま会社員のままいくのか、思いきって独立するのか。


どれも、とても重要で、しかも正解のない選択です。

そして、「現状のままでいい」「変えない」ことが、必ずしもリスクがない選択というわけではありません。それも、「変える」ことと同じくらい、リスクのある選択なのです。

このような選択に迷ったとき、もちろん、実際に独立した人の話を聞き、生涯賃金を計算し、実際の1週間をシミュレーションし、最終的にお客様に提供できるものを形にできるか検討し、それらを統合して〝思考で〟判断することも大事でしょう。ただ、最後にはぜひ、その選択の奥にある「自分の感情」を確認してみてください。

もし、その選択の根元に「恐れ」ではなく「愛」があるなら、きっと大丈夫です。そして、その「愛」の対象に「自分」がちゃんと含まれているかを確認することを忘れずに。

また、このような大事な選択は、一度ではなく、折をみて何度もしてみてください。なぜなら、同じ選択でも、自分が変わっていれば、その選択への感情も変わるからです。

休職から復職したばかりの31歳の時、もし私が「独立する！」と選択したら、その根元にはまちがいなく「恐れ」があったことがわかります。しかし、38歳の時の、同じ「独立する！」という選択には、ワクワクする、思わずスキップしてしまうほどの「愛」がありました。

おわりに

2021年2月16日、横浜の自宅兼オフィスの真ん前にある保土ヶ谷公園をいつものように散歩していたら、ふと「『サラリーマン力と独立力の違い』について、本を書いてみたら?」という啓示?が降りてきたのです。そのことを何気なくフェイスブックに書いてみたら、思った以上に「ぜひ書いて!」との反応が。そして、本書の編集者である傳さんから

「『サラリーマンは無理ゲーだったワイ、フリーランスになったらメタクソ稼げるようになった件www』みたいなラノベ風タイトルを思い浮かべてしまいました(すみません)」

というコメントが入ったのです。

傳さんとは、数年前に一度、私の講演を聞いてもらい、名刺交換をし、フェイスブックでつながっているだけの関係だったのですが、私の中では「ぜひ、いつか本を一緒に作り

たい人」でした（でも白状しますが、出会ったそのときは、失礼ながら「ビジネス書の世界で有名なあの傳さん」ということをまったく存じ上げておりませんでした）。

（さて、どう返信したものか……）

「プロ中のプロにタイトル案までいただき光栄です！（笑）このテーマ、私が思った以上にニーズがありそうですね。企画が見えてきたら、ホントに一度見ていただけませんか!?」

そう返信すると、速攻で「はい、容赦なくコメントさせていただきます（笑）」というレスが。「容赦ない」という言葉に、打たれ弱い私は後ずさりするような怖れも感じました。ですから、「社交辞令と受け止める」「冗談で流す」という選択肢もあったかもしれません。が、私はこの抽象的なアイデアを「具体的な値札のつく形」にすべく、その日から、全力で本書の企画に取り組むことを選択しました。

本書を書くプロセスの中で、図らずも、会社員18年と独立15年の自分のビジネスライフを、丁寧に、そして多面的に振り返ることになりました。「自分なりに全力で向き合ったあの会社員時代があったから、独立した今の自分があるのだ」ということをあらためて深く認識するとともに、これからの若手ビジネスパーソンが将来、会社員でも、独立しても、あるいは起業しても、楽しくノビノビと仕事ができるよう、「7つの行動原則」を届け続けるのが、自分に与えられた〝一隅を照らす〟使命なのだ、という想いが一段と強くなりました。

会社員時代の上司、先輩、同僚、お取引先の方々、独立してからのお客様やさまざまなビジネスパートナーの方々、講師仲間、ボランティアの仲間、友人、そして調子がいいときも機嫌が悪いときも近くで支えてくれた（そうせざるをえなかった）妻と家族に、この場を借りて、あらためて、深く感謝を申しあげます。

そして傳さん、（スピード感や緊張感、そして思わず考えこむ場面も含めて）とても楽しく、気持ちよく、シナジーを発揮しながら本書を一緒に作れたことを、心より御礼申し上げます。

本書の最後にあたり、「読者のみなさんになにかプレゼントができないか」とずっと考えていました。なかなかいいアイデアが思いつかず、スマホいじりに逃げていたところ、フェイスブックで傳さんが、「電通鬼十則」ならぬ「出版鬼十則」「進捗鬼十則」を発表しているのを見て、「これだ！」とひらめき、『独立鬼十則』を作ってお届けしよう！」と思い立ちました。ただ、独立はご案内してきたように「鬼」でもなんでもないですから、「独立愛十則」とさせていただきます。

本書を手に取っていただき、最後までお読みいただき、まことにありがとうございました。みなさまのビジネスキャリアが、自分に合った、ますます楽しく、ノビノビとしたものになることを、心より祈念しております。

●独立愛十則

1．独立はだれにでも可能性があるもので、一部のトップエリートだけのものではない。
2．独立とは、ワクワクしながらおこなうもので、思い詰めてやるものではない。
3．小さな経費で取り組め、大きな経費は独立を危うくする。
4．得意で好きな仕事を狙え、そしてこれを楽しみ続けるところに独立がある。
5．取り組んだら放すな、笑われても放すな、独立完遂までは……。
6．自分で決めまくれ、決めるのと決めてもらうのとでは、永い間に天地のひらきができる。
7．信頼を持て、大きな信頼を持っていれば、リピートと紹介と、そして正しい評価と時間が生まれる。
8．複数からお金をもらえ、1か所から安定収入を得ようとするから君は、依存し卑屈になり、そして安心すらもない。
9．勝ちは常に全員で、八方に気を配って、一人の負けもあってはならぬ、独立とはそのようなものだ。
10．独立を怖れるな、独立は成功の母、幸せの肥料だ、しないと君は一生後悔する。

堀田孝治（ほった こうじ）

クリエイトＪ株式会社代表取締役
1989年味の素株式会社に入社。営業、マーケティング、〝休職〟、総務、人事、広告部マネージャーを経て2007年に企業研修講師として独立。
休職にまで至った自らの挫折経験をベースに開発したオリジナルメソッドである「7つの行動原則」プログラムは、たちまち大手を中心に多くの企業に研修として導入され、現在ではのべ1万人を超えるビジネスパーソンが受講している。
サラリーマン歴18年、独立歴15年の経験をもとに、1人でも多くのビジネスパーソンが「自分が望むキャリア」を実現できるよう、今日も研修や執筆を軸に奮闘中。
【著書】『しなくていい努力』（集英社）、『入社3年目の心得』（総合法令出版）ほか
【ホームページ】https://create-j.jp/

カバーデザイン◎西垂水敦・市川さつき(krran)
カバーイラスト◎北澤平祐
本文デザイン◎高橋明香(おかっぱ製作所)
編集◎傳 智之

お問い合わせについて

本書に関するご質問は、FAX、書面、下記の Web サイトの質問用フォームでお願いいたします。電話での直接のお問い合わせにはお答えできません。あらかじめご了承ください。
ご質問の際には以下を明記してください。

・書籍名
・該当ページ
・返信先(メールアドレス)

ご質問の際に記載いただいた個人情報は質問の返答以外の目的には使用いたしません。お送りいただいたご質問には、できる限り迅速にお答えするよう努力しておりますが、お時間をいただくこともございます。
なお、ご質問は本書に記載されている内容に関するもののみとさせていただきます。

[問い合わせ先]
〒 162-0846
東京都新宿区市谷左内町 21-13
株式会社技術評論社　書籍編集部
「「会社は無理ゲー」な人がノビノビ稼ぐ方法」係
FAX：03-3513-6183
Web：https://gihyo.jp/book/2021/978-4-297-12329-1

「会社《かいしゃ》は無理《むり》ゲー」な人《ひと》がノビノビ稼《かせ》ぐ方法《ほうほう》

2021年 11月 6日　初版　第1刷発行

著者　堀田孝治《ほったこうじ》
発行者　片岡巌
発行所　株式会社技術評論社
東京都新宿区市谷左内町21-13
電話　03-3513-6150　販売促進部
03-3513-6166　書籍編集部
印刷・製本　昭和情報プロセス株式会社

定価はカバーに表示してあります。

ISBN978-4-297-12329-1　C0036
Printed in Japan